看得见的世界史

古希腊

ANCIENT GREECE

肖石忠 主编

石油工業出版社

图书在版编目（CIP）数据

古希腊 / 肖石忠主编. — 北京：石油工业出版社，2018.3

（看得见的世界史）

ISBN 978-7-5183-2377-7

Ⅰ. ①古… Ⅱ.①肖… Ⅲ. ①古希腊—历史—通俗读物 Ⅳ. ①K125. 49

中国版本图书馆CIP数据核字（2017）第311914号

看得见的世界史：古希腊

肖石忠　主编

制　　作：日知图书（www.rzbook.com）

出版发行：石油工业出版社

（北京安定门外安华里2区1号楼　100011）

网　址：www.petropub.com

编辑部：（010）64523616　64252031

图书营销中心：（010）64523731　64523633

经　　销：全国新华书店

印　　刷：艺堂印刷（天津）有限公司

2018年3月第1版　2024年3月第7次印刷

880×1280毫米　开本：1/32　印张：10

字数：270千字

定价：49.00元

（如出现印装质量问题，我社图书营销中心负责调换）

前言

“言必称希腊”，追溯西方文明的源头，古希腊文明是不能绕过去的。它是蔚蓝爱琴海上灿烂夺目的一颗明珠，也是开启西方文明的一把金钥匙。它留下的文化遗产，至今仍让世人享用不尽：丰富多彩的神话，波澜壮阔的英雄史诗，看破命运无常的悲剧，典雅明丽的建筑，体现理性之美的雕像，象征和平的奥林匹克运动会……

古希腊的辉煌历史，我们只能惊叹；古希腊的璀璨文化，我们只能仰望。让我们暂停前进的脚步，回首溯源而上吧。那是一个神与人亲密接触的时代。在奥林匹斯山巅的众神国度中，神和人一样，有善恶美丑，有喜怒哀乐，有爱恨情仇，也有因此引起的诸多纷争和神战。古希腊人恐怕是最接近神的人，而他们的尘世也和众神世界同样精彩。从神的时代，到英雄的时代，再到凡人的世俗世界，时时刻刻上演着悲喜剧，成为诗人咏叹的源泉。

在史诗的字里行间，在雅典娜神庙的废墟之上，在爱琴海荡漾的波涛之中——找寻带给我们感动和激励的人物。橄榄树下，盲诗人荷马弹着七弦琴为路人讲述一个个遥远的传奇故事；赤脚的苏格拉底在雅典街头行走，他的身边永远追随着一群年轻人；开创了雅典黄金时代的伯里克利在广场上发表雄辩有力的演说；斯巴达300勇士浴血温泉关，殊死抵抗波斯人的入侵；亚历山大大帝站在世界之巅，俯视脚下被他征服的辽阔土地。

多少英雄人物，多少可歌可泣的往事，不断地在时间的洪流中流传激荡。尽管历史已经成为过去，古希腊文明却在时间的洗刷中愈显鲜亮，不断给予人震撼。那凝聚千年的精粹，留给后人一种充满美妙幻想的感叹。

1

伊瑞克提翁神庙少女像柱

最早的希腊文明是在爱琴海的怀抱中酝酿发展起来的，古希腊历史与神的传说紧密交织，一座座威严耸立的神庙，一处处恢宏壮丽的王宫遗址，揭开了古希腊文明的神秘面纱。

2

阿波罗大理石雕像

在人神“共存”的古希腊国度，神与人类同在。神明的形象无处不在，戏剧以神的故事为主题，雕塑以神的躯体为模型，古希腊人用自己的汗水和智慧，为心中的神明做出了最深刻的诠释。

3

阿波罗射箭

在古希腊神话中，宙斯的情人泰坦女神勒托即将生产时，宙斯命令大海隆起一个岛屿德罗斯，勒托在那里生下了一对孪生儿女——太阳神阿波罗和月亮女神阿尔忒弥斯。阿波罗权力很大，他主掌光明、青春、医药、畜牧、音乐和诗歌。

4

阿尔忒弥斯

月亮女神阿尔忒弥斯是个美丽的女子，同时也是人间的狩猎之神。她有着一把金色的弓和箭，常由忠犬伴随，与女仙侍从一起以狩猎为戏，她弯弓的形状正像天上那弯弯的月亮。

5

小爱神将海伦带给特洛伊王子

绝世美人海伦被特洛伊王子夺走，她愤怒的丈夫召集诸多英雄，组成了古希腊联军浩浩荡荡开赴特洛伊。而特洛伊也紧急厉兵秣马，火药味一下子浓了起来，甚至连众神也参与了进来。

古希腊

公元前594年

梭伦改革。

公元前527年

庇西特拉图成为雅典第一代僭主。

公元前507年

克利斯提尼改革。

公元前500年

驱逐希庇亚斯。

公元前492年

波斯战争。

公元前469年

苏格拉底出生。

公元前431年

伯罗奔尼撒战争爆发。

中外历史大事件时间表

公元前600年～公元前500年

春秋战国

公元前594年

鲁国推行“初税亩”。

公元前575年

晋楚鄢陵之战，楚军大败。

公元前548年

齐国大夫崔杼杀齐庄公，崔庆二氏专齐政。

公元前506年

吴伐楚，在柏举大败楚军，攻入郢都。

公元前500年～

公元前494年

吴王夫差率军攻越，败越于夫椒。

公元前473年

越国灭吴，吴王夫差自杀。

公元前415年

亚西比德叛变。

公元前400年

公元前479年

孔子去世。

公元前453年

韩、赵、魏三家共灭智伯，三分其地。

公元前335年

亚里士多德创办吕克昂学园。

公元前334年

亚历山大征服小亚细亚。

公元前400年～公元前300年

公元前356年

秦用商鞅为左庶长，下令变法。

公元前353年

齐国围魏救赵，大败魏军于桂陵。

公元前338年

秦孝公去世，商鞅遭车裂之刑。

公元前328年

秦任张仪为相。

目录

Contents

第一章

文明，从爱琴海上升 / 1

第二章

天上与人间 / 51

第一章

文明，从爱琴海上升

西方文明是在爱琴海的怀抱中酝酿、发展起来的。“希腊”是希腊人对他们所居住地区的通称，它是由许多城邦组成的。“爱琴文明”闪耀着人类早期智慧的光芒，照亮了尚处于石器时代的爱琴海和希腊半岛。

古希腊是人神“共存”的国度，神与人同形同性、永生不死。古希腊历史和神的传说紧密交织，科学、哲学、戏剧、雕塑，世代流传的故事赋予了他们更强大的神力、更动人的容貌、更炽烈的情感。

VISIBLE HISTORY OF THE WORLD

关键词：爱琴海／史前希腊

爱琴文明的曙光

■ 约公元前 4 万年起

古希腊文明是西方文明的摇篮。“言必称希腊”说明了它对现代西方世界具有深远而独特的影响力。雪莱曾经在诗篇中赞颂道：“我们都是希腊人。”从文化根源的意义上而言确实如此，西方文明正是在爱琴海的怀抱中孕育发展起来的。

古希腊和现代的希腊共和国不是同一概念，古希腊的范围比现今广阔得多。现代希腊的国土仅仅包含狭长的希腊半岛，而古希腊除此之外，还包括爱琴海上的诸多岛屿、色雷斯、小亚细亚（今土耳其境内）和马其顿等地区。

史前希腊

古希腊是一个历史悠久的地区，大约在公元前4万年的旧石器时代，便有居民在这里居住了。当时这些居民生活在洞穴里，以采集狩猎为生，使用粗糙的打制石器。如今在欧洲已经绝种的欧洲野牛和驯鹿曾经是他们的盘中美餐，这一批居民被认为是“尼安德特人”。过了几千年，尼安德特人从这个地区消失了，出现了另一批居民。这些人比尼安德特人先进得多，到了公元前6000年的新石器时代，他们掌握了石器的磨制技术，懂得了农业种植和养殖技术，同时也依靠捕鱼来获取更多的食物。值得注意的是，他们用以制造石器的黑曜石原材料来自其他岛屿，说明早在此时，爱琴海上的岛屿之间便已经有了交通往来。

希腊人来临

希腊人的祖先是印欧民族的一部分，最初分布于多瑙河下游和巴尔干半岛一带。大约从公元前3000年开始，他们逐渐迁徙到希腊半岛北部和马其顿。这些最早迁移过来的希腊移民被称为“阿卡亚人”，是迈锡尼文明的创造者。到了公元前2000年左右，爱奥尼亚人、伊奥利亚人和多利安人逐步迁入希腊中部和南部。这些人同源同族，都属于希腊民族，当时他们自称是“希伦人”，即祖先神希伦的后裔。先前居住在此地的居民被他们征服并同化，最后形成同一民族——希腊人。

希腊半岛是希腊的核心地区，岛上多山脉多丘陵，内陆平原很少。半岛以山脉为界限可分为北希腊、中希腊和南希腊三部分。中希腊地区的社会发展最快，其中的城邦之一雅典是希腊最大的政治、经济、文化中心。南希腊又称为伯罗奔尼撒半岛，斯巴达便位于这一地区，其西部有一座宙斯神庙，全希腊四年一度的奥林匹克运动会就在这里举行。北希腊的经济发展较为落后，众神所居住的奥林匹斯山在它的北部。

∨ 弹竖琴的石偶

这尊奏乐人物石偶的各部分皆以管状构成，似乎能从中感受到一种韵律。

爱琴海

爱琴海还在，克里特岛还在，只是这里曾经辉煌一时的古希腊文明已容颜不复。

蓝色的爱琴海

希腊半岛在古希腊的重要性于公元前10世纪左右才逐渐凸显出来。之前，最早的希腊文明是在爱琴海最大的岛屿——克里特岛上发展起来的。爱琴海位于小亚细亚和希腊半岛之间，蔚蓝色的海水中散落着483个大小不一的岛屿。克里特岛像一艘长长的战舰，横卧在爱琴海的最南端。远古的人们驾驶着小船从这里出发，年复一年地进行着人类最早期的贸易与交流。随着人口数量的增长和商业往来的日益频繁，为了维护贸易正常进行，使积聚的财富不受侵犯，人们在靠近海洋的地方修建了大型的建筑物和城防设施。

宗教与艺术随之同步发展，泥塑神像变成了大理石材质，从基克拉迪斯群岛出土的大理石“大地女神像”和“奏琴吹笛者像”显示了更高的水平。克里特文明在公元前2000年达到鼎盛，岛中部的克诺索斯和法埃斯特地区出现了最早的国家，建起了宏伟的宫殿，岛上出现了欧洲最早的文字，工商业、航海贸易和艺术创作也取得了很大成就。克里特文明和随后出现在希腊半岛上的迈锡尼文明被统称为“爱琴文明”。这些闪耀着人类早期智慧光芒的青铜文明的出现，犹如一盏盏明灯，照亮了尚处于石器时代的爱琴海和希腊半岛。

VISIBLE HISTORY OF THE WORLD

关键词：迷宫 / 米诺斯王宫 / 克里特文明

迷宫惊世再现

■ 神话传说时代

在地中海的东部，有一个美丽迷人的岛屿，叫作“克里特岛”，它是爱琴海中最大的岛屿。在神话中，宙斯的儿子米诺斯曾经统治着这个岛屿，并且以此为根据地建立了海上霸权。相传，岛上还有一个惊人的迷宫，里面藏着一个怪物。20世纪初，考古学家伊文思将这座传说中的迷宫呈现在世人面前，它就是米诺斯王宫。它恢宏而神秘，华丽而精致，让人惊叹不已……

迷宫的秘密

在古希腊的神话传说中，众神之王宙斯爱上了美丽的公主欧罗巴。一天，欧罗巴与女伴在海边玩耍时，宙斯变成了一头白色公牛，引诱欧罗巴骑上他的牛背，并驮着欧罗巴渡海到达了克里特岛。在那里，宙斯和欧罗巴一共生下三个儿子，每个儿子都建立了国家，其

> 英勇的雅典王子提修斯手持利刃，杀死了半人半牛的怪物——米诺牛。

^ 诱拐欧罗巴

画中的宙斯化成一头公牛，驮着欧罗巴跨越爱琴海，那充满人性的公牛力大无比，它转首看着人间，而听天由命的欧罗巴胆怯地挽着牛角，如同乘小船般坐在牛背上。

中小儿子米诺斯成了克里特岛的国王。

有一回米诺斯冒犯了海皇波塞冬，波塞冬一怒之下施法让他的王后爱上了一头公牛，并生下了一个牛头人身的怪物，即米诺牛。为了囚禁这个怪物，米诺斯派人修建了一座迷宫，里面的通道错综复杂。他把米诺牛安置在迷宫的最深处，要求雅典每七年进贡七对童男童女以供米诺牛享用。

英勇的提修斯

雅典人惧怕米诺斯的强大，不得不按时进贡，凡是有童男童女的人家皆是惶惶不可终日，唯恐有一天灾难会降临到自家头上。每到进贡的年头，举国上下哭声一片。一年又一年过去了，很快又到了进贡的时候，雅典国王爱琴的儿子提修斯不忍心看到国民深受骨肉别离之苦，于是主动要求作为贡品中的一员前往克里特岛，并决议杀死米诺牛，为民除害。在临走前，他和父亲约定，如果杀死米诺牛，他在返航时便把船上的黑帆换成白帆，只要一见白帆，就知道他活着回来了，反之亦然。

提修斯和其他童男童女到达了克里特岛，在觐见国王时，他英俊的相貌和不凡的气质引起了米诺斯国王的女儿阿里阿德涅公主的注意。聪明美丽的阿里阿德涅爱上了提修斯，不忍心他被米诺牛吃掉，于是在他进入迷宫之前，送给他一把剑和一个线团。

提修斯率领着一行人进入迷宫，他把线头系在迷宫的入口处，抓着线团，沿着复杂的通道向迷宫深处走去。在迷宫的中心，他碰上了米诺牛，勇敢的提修斯临危不惧，奋力抓住它的角，一剑刺死了它。然后他带着童男童女，沿着线顺利地走出了迷宫。为了防止米诺斯国王派人追击，他们在海边凿穿了克里特所有船只的船底。一切准备就绪，提修斯带着同伴和阿里阿德涅公主胜利地归航了。

但是提修斯在兴奋之中忘了和父亲的约定，没有把黑帆换成白帆。爱琴国王在海边焦急地等待儿子的归来，当他看到归来的船挂的仍是黑帆时，以为儿子已经命丧黄泉。黑帆渐行渐近，老国王绝望了。他缓缓走下海滩，向海洋深处走去，被湛蓝的海水吞没了。为了纪念这位可怜的父亲，他跳入的那片海，从此就叫爱琴海。

神话与现实

这个神话是如此生动逼真，令人无法质疑其真实性。克里特岛上究竟有没有米诺斯王国的存在呢？迷宫是真实的还是虚构出来的？19 世纪末 20 世纪初是一个考古发掘频频报喜的时期。当时德国人谢里曼在土耳其发现了特洛伊，这一伟大创举激励着全世界的考古学家，其中就有英国学者阿瑟·伊文思（1851—1941）。

伊文思出生于学者之家，自幼沉迷于历史和考古，长大后更是选择考古为毕生职业。谢里曼的成功给他带来了很大的冲击，让他意识到只有时时刻刻抱着怀疑和求知的精神，才能在学术上向前迈进。于是，他带着满腹疑问和勃勃雄心于1900年来到克里特岛，希望通过自己的努力解开“迷宫”之谜。

克里特岛的面积有8300多平方千米，经过几次试验和定位，伊文思把重点放在了克诺索斯地区。经过三年的艰苦发掘，伊文思终于在克诺索斯发现了王宫的大型遗址，即米诺斯王宫，王宫的遗址广阔复杂，伊文思花了二十多年才基本挖掘完毕。

伊文思不仅发现了王宫遗址，还揭开了一个以此为据点的文明的面纱，他根据传说中克里特国王米诺斯的名字将此文明命名为“米诺斯文明”，因为处于克里特岛上，所以也称克里特文明。米诺斯王宫重见天日，继特洛伊之后再一次轰动了世界。

华丽的王宫

克里特岛上地震频发，因此在历史上米诺斯王宫曾经多次重建，王宫的建筑为木石结构，墙壁用规整的石块砌成，而屋顶、窗户则是木结构。在王宫最鼎盛的时期，估计有三万人住在里面及其附近。从米诺斯王宫的规模来看，到了克里特文明晚期，它成了岛上的政治和经济中心。米诺斯国王极有可能统一了全岛，并

斗牛图

在这幅被称作《斗牛图》的壁画里，有三名类似杂技演员的人物，他们身材修长，穿着紧身衣，手腕和臂膀上戴有环状饰物。画面正中是一头长着长长的角、正低头欲向前方猛冲的牛。一名演员堵在牛前，用力按住牛角，牛身后的演员双脚离地，双手扬起，将一名红装演员弹向空中，这名演员随即稳稳倒立在牛背之上。

控制了爱琴海上的一些岛屿和希腊半岛上的某些区域，成为爱琴海上的霸主。

王宫依坡而建，占地面积2.2万多平方米。有大小宫室1500多间，由东宫、西宫、会议殿、双斧厅、王后寝宫、楼房、贮藏室、仓库等组成。整体建筑以一个长约60米、宽约30米的长方形大庭院为中心，构成了一组严密精巧的整体。宫殿分为东西两部分，西边是国王办公区、祭祀场合和储藏区，东边是王室的居住区。

^ 修饰克诺索斯宫殿最著名的壁画就是年轻的国王形象。画中的国王和真人一般大小，正在主持祭祖仪式的他，头戴缀有百合花和孔雀羽毛的王冠，右手握在胸前，左手握着魔标，气宇轩昂。

这些华丽壮观的建筑物之间由大小不一，高低错落的长廊、门厅、通道和阶梯相连。廊道交错复杂，迂回曲折，屋舍间间相套，在里面行走很容易迷失方向，难怪有“迷宫”一说。王宫的房舍大多是两层或三层，依靠天井采光，底层有许多储藏室，摆满了大大小小的陶缸陶罐，大的高1.8米多，与人齐高，里面储藏着粮食、油、酒，等等。储藏室的地面由石板铺成，在石板下面还有隐蔽的地窖，是王室的财宝库。当初伊文思发掘时，只找到了少量的黄金，里面的珠宝早被掠夺一空了。

发掘出来的王宫建筑中，最著名的是“王座室”。“王座室”位于中心庭院的西面，分为前后室两部分。后室的地面用大块的石板铺成，里面别无他物，只安置着一个石制宝座，宝座的靠背用雪花石膏制成，饰有波浪形边沿，地板染成红色，墙上画着两只鹰头狮身的怪兽。

在东边宫殿，一个大阶梯将中心庭院与生活区连接起来，阶梯是用白色大理石砌成的，共有五层，现只剩三层。国王每天办公结束后，可以越过中心庭院，通过大阶梯相连的廊道到达他想要去的房间。在大阶梯底层的旁边是双斧厅，因为大厅内悬挂着双面斧而得名，在双斧厅的一面墙上挂着8字形的盾牌，可能具有宗教含义。在双斧厅的旁边是王后寝宫，墙上绘有海豚及其他海洋生物，海豚在海底快活地嬉戏着，其线条灵活轻巧，色彩明丽活泼。与之相邻的小房间里有冷热水管俱全的浴室和冲水厕所，地底铺设陶制的排水管道，如此成熟先进的卫浴设施，即使是到现在也是相当完美的。

不仅王后寝宫铺有排水管道，整座王宫的地底下实际上是一个巨大的排水系统网，雨水或生活污水通过水槽被引到排水沟，然后通过陶管排出。这些陶管非常粗大，里面可以坐一个人，而且还觉得十分宽敞。

绚丽多彩的壁画

米诺斯王宫的内室墙壁和走廊上都绘制有彩色壁画，内容取材于人们的日常生活、宗教节日和自然风光，现代人对当时米诺斯人生活的认识大多由此得来。这些壁画虽然历经3000多年，但刚出土时色泽还十分鲜艳，仿佛刚刚从画家手中脱稿。在长廊的墙壁上，以连环画的形式描绘了庆典游行热闹的场景，活泼的青年，喜悦的少女，稳重的长者，壁上各式人物皆栩栩如生，节日的欢快热烈气氛跃于画面。

除了动植物外，壁画还描绘了大量的人物，其中有贵妇、祭司、宫女、持瓶者等。贵妇穿着华丽的长裙，神情悠闲地相互交谈；祭司庄严地为神献祭，旁边放着祭品；其中尤为引人注目的是“巴黎女郎”，描绘的女性形象无论是发型还是服装都非常时髦，因为酷似巴黎街头的时髦女郎而得名。

另外有一幅画是表现国王的（也有可能是王子），他身材修长，裸露上身，腰围短裙，头戴百合花王冠，王冠上插着几根飞禽羽翎，颈套双重项圈，腕带镯子，一手执物，一手捋着黑发，在花丛中闲庭信步。此外还出现了不少穿着非克里特服装的仆役的形象，应该是作为贡赋或俘虏来的奴隶。从壁画的人物上看，米诺斯人皮肤呈棕色，黑眼黑发，肩宽腰细，与此后的希腊人不是同一种族。克里特岛的绘画与古埃及有相通之处，在绘画人物侧面时把眼睛和肩膀画成正面。

谁是米诺牛

在壁画中，经常出现公牛的形象，当时米诺斯人有一种游戏，人们接近发怒的公牛，然后迅速抓住它的角，飞快地越过公牛背落到地上，很像我们今天的跳马。学者推测这种活动很有可能是一种神圣的祭祀活动，因为在克里特文明中，公牛的地位非常崇高，米诺斯国王在参加宗教活动时会戴上公牛面具。米诺斯王宫由于其复杂性而被描述成迷宫，据此推断米诺斯国王极有可能就是米诺牛！

在遗址中，人们曾经发现了一些泥版，有一块泥版上赫然写着：“雅典来贡妇女七人，童男及幼女各一人。”解读泥版上记录的内容，并联想到迷宫和米诺牛的神

历史断面

克里特文明的消亡

克里特文明的范围包括克里特岛及附近的若干岛屿，大约于公元前2000年达到鼎盛，公元前1450年销声匿迹。在最为辉煌的时期，米诺斯王称雄爱琴海，他的海上舰队无人能敌，克里特岛文化代表了公元前15世纪前后爱琴海地区的高度文明成就，其青铜器、陶器和文字都达到了很高的水平。

话，可以认为雅典王子提修斯的故事很大程度上反映了当时希腊半岛和克里特岛之间的关系。提修斯的传说是历史事件的转写，在故事的前半段，雅典迫于米诺斯的强大不得不献出童男童女，说明当时克里特岛处于强势地位，后来提修斯杀死米诺牛（米诺斯王），可以隐讳地看出希腊半岛的实力逐渐强盛，压倒了克里特岛。

在王宫四周是一些贵族的府第，有的府第还有通道与迷宫相连。这些华美精致的住宅里面设备齐全，在华宅的附近，考古学家又发掘出了许多极为简陋的小屋和茅舍，显然是穷人或奴隶们居住的地方。

俗世或冥界

对于这座规模宏大华美的建筑群，伊文思认为这是米诺斯国王及其王室成员所居住的地方。但是有学者对此存有异议，德国学者沃德利克就是其中的一位。沃德利克认为这些建筑不是王宫，而是王陵。在他看来，那些被大多数考古学家认为是贮存粮食的陶罐其实是存放遗体的葬具，墙上的壁画描绘了亡灵在冥界的生活。

他进一步解释说，从王宫的建筑上看，这不可能是活人居住的地方。首先，王宫所在地平坦开阔，易攻难守，这是选址的大忌，而且四周没有城墙，米诺斯人不可能不考虑到防卫的需要；其次，王宫远离水源，如果是活人所住，那么每天所需要的大量用水都要从其他地方运过来，相当不方便；再次，王宫大部分的房间都很潮湿阴暗，不适合人居住；最后，如果是王宫，那为什么没有厨房、马厩等附属设备？另外，房间小巧，天花板低矮，奢华的王公贵族难道对如此逼仄的环境毫无怨言？总之，里面没有一点人生活的气息。

沃德利克的观点有其道理，但是也有不足之处，他认为是陵墓，可是至今为止在王宫遗址上没有发现过墓葬或遗体，这一点成了“陵墓说”的致命弱点。另外王宫的“不设防”也可以得到解释，米诺斯人强大的海军足以威慑入侵者，他们的海上舰队就是他们最坚固的城墙。这一点可以在后来斯巴达人的城池建造上得到验证。

“王宫说”和“陵墓说”各有道理，也都有不能自圆其说之处。我们对克里特文明的了解太少了，米诺斯王宫的种种不解之谜，尚待人们去破解。

米诺斯王宫是伊文思用天才的想象力复原出来的，他能根据倒塌的柱子、破碎的壁画、残缺的石块，准确地说出整幢建筑物原本是什么样子的。在复原王宫的过程中，伊文思大量使用了现代建筑材料，如水泥钢筋，此举遭到了考古界的普遍批评。但是在当时，全部使用木结构复原是不现实的，坚实的木材很难找到，而且就算使用木材，在克里特岛湿润的环境下也会很快腐朽。不管人们对伊文思的评价如何，不可否认的是，他为后人留下了一份宝贵的遗产。

米诺斯王宫

从残缺的米诺斯王宫遗址中，仍能想见它昔日的恢宏气势。

VISIBLE HISTORY OF THE WORLD

关键词：迈锡尼文明

黄金的迈锡尼文明

▪ 公元前 1600 年 ~ 公元前 1200 年

克里特文明衰落后，地中海文明的中心转移到了伯罗奔尼撒半岛的迈锡尼。在《荷马史诗》中，迈锡尼是一个“多金”的国度，迈锡尼城似乎遍地是黄金。想当年，迈锡尼人征服了克里特岛，成为地中海新一代霸主，其文明盛极一时。两百年后，迈锡尼文明迅速衰落下去，只留下断壁残垣，供后人瞻仰凭吊。

传奇的阿伽门农

阿伽门农是传说中的迈锡尼王，是特洛伊战争中古希腊联军的领袖。他率领联军围困特洛伊城十年，最终获得了战争的胜利。

古希腊戏剧家埃斯库罗斯在自己的代表作《阿伽门农》里，讲述了一个家族复仇的悲惨故事。阿伽门农出征前遇到逆风，船只无法航行，不得已杀女儿伊菲

< 壁画上的一个迈锡尼女子，姿态优雅，手执用象牙雕刻的盒子。

吉妮娅来祭神，才获得神的允许。阿伽门农凯旋时，妻子克吕泰墨斯特拉痛恨他让自己失去了女儿，便和姘夫埃吉斯托商议刺杀阿伽门农。

克吕泰墨斯特拉组织了盛大的欢迎仪式，迎接阿伽门农回到故土。阿伽门农毫无防备，带领随从走入豪华的宫殿里，坐下来畅饮美酒，庆祝胜利。不料，妻子早已在酒菜中下了毒。阿伽门农酒兴正浓的时候，猝然倒下，死在血泊里。一代传奇帝王就这样死于妻子的阴谋。

^ 狮子门是迈锡尼卫城的主要入口，起到城徽的作用。上图表现的是门的过梁上方一对石狮，守护着象征宫殿的克里特式柱子。狮子头现已遗失，但仍不失其威严。

不过这毕竟只是一个传说，没有什么证据证明阿伽门农确有其人。直到公元前2世纪，希腊历史学家波桑尼阿斯游历迈锡尼，写下了自己的见闻："……还有一座阿特柔丝的陵墓，一座阿伽门农的陵墓和另外三座勇士的陵墓，这五座在墙里面。而克吕泰墨斯特拉和埃吉斯托被葬在墙外，他们不配葬在城墙里面……"

为了验证阿伽门农的故事，很多人来伯罗奔尼撒半岛发掘探索，却一无所获。人们怀疑，这只是荷马与波桑尼阿斯编造出来的传说，实际上并不存在。

1874年，德国人谢里曼来到这里进行发掘。两年后，他发现了迈锡尼的王陵，并成功向全世界展现了迈锡尼文明的全貌。

雄伟的狮子门

迈锡尼城位于伯罗奔尼撒半岛东北部，城堡遗址建在一个高高的山丘上，从很远的地方就能看到，雄壮威武，体现了迈锡尼人尚武好战的传统。城堡的正门被称为“狮子门”。门宽3.5米，高4米，两边的门柱是没有经过切割的大石块。门柱上横放着一根石头横梁，也是用整块石头制成的，中间厚两边薄，形成一个弧形。据专家估算，这块横梁重达20吨。横梁上方是一块三角形的大石板，上面雕刻着两只威风凛凛的狮子，狮子的前爪搭在一起，形成拱卫之势。由于年代久远，狮子的头部已经掉落，有人认为，狮子做出的是向下俯瞰的姿势，显得非常威严。狮子采用轻薄石块雕刻而成，减轻了对横梁的压力。

^ 当时发掘出的被认为是阿伽门农的黄金面具，虽然最终鉴定是由迈锡尼王室家族成员制作的，但面具的名称还是被保留了下来。它被认为是欧洲最早的肖像工艺品。

入口的两边各有一个突出的石头棱堡。在战争年代，这可以用来攻击敌人的先遣部队。城墙由大小不一的石头堆叠而成，平均厚度为6米，最厚处达8米~10米。石头中间没有使用任何黏合材料，缝隙由小石子和泥土填塞。几千年之后，人们仍无法得知，当年的工匠是如何建起了如此宏伟的工程，他们宁肯将之归于神力。

整个城堡占地约3万平方米，城墙依山势而起伏。尽管城堡目前只残存狮子门和附近的一段城墙，但站在山丘上远望，周围地势尽收眼底，尽可想象迈锡尼文明最繁盛时的宏大气魄。

迈锡尼城堡的东北侧门不远处，有一道通往秘密水源的暗门。对于战时受到围困的迈锡尼人来说，这无疑是一道重要的生命线。

阿特柔斯的宝库与阿伽门农之墓

阿特柔斯是阿伽门农的父亲，以他的名字命名的宝库坐落在一个山谷里，位于狮子门西南约500米。这里实际上是一座王室墓地，埋葬了多位国王。相传，这里是阿特柔斯父子埋藏宝藏的地方，故名为宝库。

王陵隐藏在山谷之中，陵前是一条长约40米的石头墓道，墓门与狮子门的结构相似。经过这道门后，就进入了一个圆形大厅，大厅最为奇特之处是其顶部是圆形的，很像蜂窝，这种形式的墓室被称为“蜂房墓”。大厅的侧面有一条狭窄的通道，通往安葬死者的墓室。

据说，这座王陵里有大量的随葬品，包括青铜器、金银器和大量的武器。不过，大部分随葬品都被盗掘一空。谢里曼认为这里没有阿伽门农的坟墓。谙熟《荷马史诗》的他坚信阿伽门农的坟墓就在狮子门内，于是招募民工在狮子门附近开始发掘。

^ 蜂型黄金垂饰

发掘工作开始后不久，工人们就挖出了一个由竖着的石板围成的大圆圈，直径约有 30 米。谢里曼极为高兴，认为这个圆圈里肯定埋藏着人们尚未发现的秘密。紧接着，圆圈里出现了雕刻着勇士图像的石板，还有一座圆形的石制祭台，祭台周围是“井”字形的通道。谢里曼认为，迈锡尼人在此祭祀时，把人或动物的血洒到通道里，流到地下去给死者享用。为此，他判断地下一定有大型坟墓。

很快，谢里曼挖出了五座坟墓，与波桑尼阿斯的描述非常吻合。谢里曼欣喜若狂，认为这就是传说中的阿伽门农之墓。

这五座坟墓属于迈锡尼标志性的竖井墓。墓穴是一个深坑，用石块砌成，并用石板砌成墓顶，再在石板上堆土做成墓冢，最后竖一块墓碑作为纪念。墓坑的深度各不相同，每个墓中都有两名以上的死者，大多数死者的身上都覆盖着黄金制品，显示出墓主的身份不同寻常。

在最后一个坟墓里，谢里曼发现了一具戴着黄金面具的男性干尸。揭去黄金面具，他发现了一张面部肌肉保存完好的男子面孔。经鉴定，这名男子死亡时在35岁左右，正好与阿伽门农的年龄相吻合。一切的征兆，都让谢里曼坚信这就是阿伽门农本人。他当晚就给希腊国王发了一封电报：“我凝视着阿伽门农的脸，许久许久！”这个发现震惊了世界。

但后来的学者经过考古鉴定，发现面具制造年代约在公元前1550年，而传说中的阿伽门农是公元前13世纪的人物。所以，这个面具的主人并不是阿伽门农本人，但面具的名称还是保留了下来，它被认为是欧洲最早的肖像工艺品。

如今，阿伽门农的黄金面具和陪葬品中的精华收藏在雅典国立考古博物馆里，供人们观赏。

识字的商人

1900 年，伊文思在克里特岛上发现了几块泥版残片，上边刻着谁也看不懂的符号。他将这些泥版收集起来，进行系统地研究，发现这些符号是迈锡尼人使用的文字。他将这种文字命名为“线形文字 B”。

线形文字B有88个符号，大部分来自于克里特人发明的线形文字A。1952年，英国建筑学家文特里斯破译了线形文字B，从中解读出迈锡尼人的祖先是希腊移民，并读懂了泥版上的内容。

原来，泥版上记载的大多是经济账目：土地归谁所有、畜群经营状况如何、铁匠工作的好坏……几乎没有一块涉及宗教。为此，有些学者将迈锡尼人称为“识字的商人”。

专家考证，克里特岛受火山爆发影响后，幸存下来的克里特人渡海来到迈锡尼，同时带来了克里特的文字和其他文明成就。所以，迈锡尼文明并非土生土长，而是建立在克里特文明的基础之上。

另一种说法认为，迈锡尼人入侵克里特岛，接管了克里特岛的商路和全部贸易资源。公元前 16 世纪，迈锡尼成为地中海地区海上贸易的霸主。主要贸易产品为国内手工艺人生产的陶器、布匹和其他手工艺品，以及地中海的特产橄榄与葡萄。商人带着货物奔走在地中海各岛屿与大陆之间，并买进黄金、铜、锡等金属。这些金属流入国内，被手工艺人制成各种贵重的首饰和装饰品，又被王室贵族拿去享用。

泥版记载，迈锡尼的主要经济部门是纺织业。国内饲养了大群的绵羊，提供了良好的原材料。女工剪下羊毛，纺成毛线，并制成各种纺织品。近千名纺织女工为王室劳动，文献里也记载了大量的纺织相关技能。

这一时期的手工艺人还学会了制造化妆品。他们用玫瑰和鼠尾草等植物提炼精油，装在陶罐里运往海外，非常受欢迎。

公元前1200年左右，迈锡尼的经济开始受到破坏，手工业、工商业随之衰落。据《荷马史诗》记载，迈锡尼文明毁于一场著名的战争，即特洛伊之战。

VISIBLE HISTORY OF THE WORLD

关键词：人间最美的人 / 海伦被掠

绝世美女海伦

■ 公元前 13 世纪

海伦是世间最美丽的女子，她的美貌却充满了悲剧色彩。她带来了战争，导致了特洛伊的灭亡，她为爱情付出了太大的代价。在这场悲剧中，她是犯罪者还是受害者？有人说，她不是自愿离开丈夫而是被强掳去的，也有人说她爱上了年轻英俊的异邦王子宁愿抛夫弃子。无论真相如何，她的故事，她的美貌，至今仍在世间广泛流传……

不和的金苹果

根据古希腊神话传说，特洛伊的灭亡要从不和的金苹果说起。英雄帕琉斯和仙女忒提斯结婚，那是人和神的第一次婚礼。他们大宴宾客，广发请柬，奥林匹斯山上的众神差不多全都出席了。喜筵上的气氛喜庆浓烈，众神纷纷给予这对新人真诚的祝福。婚礼进行到一半时，突然来了一位不速之客，那就是没有收到请柬的争执女神埃里斯。就像《睡美人》里面的巫婆一样，觉得自己受到了侮辱的埃里斯非常恼火，她决心要给他们一点颜色看看。

充满恶意的埃里斯拿出一个金苹果，上面刻着“给最美丽的人”。她对女神们说，只有最美丽的女神才能拥有这个金苹果。话一出口，女神们当即蠢蠢欲动。金苹果对女神们来说并不重要，但是女人总是虚荣的，就算是女神也不例外。当场就有三位女神出来宣称自己是最美丽的，第一位是神王宙斯的妻子天后赫拉，她自认为是地位最崇高的女神，这个“最美丽”的头衔自然非她莫属；第二位是宙斯的女儿智慧女神雅典娜，她也来争这个荣誉，可见智慧在女人的虚荣心面前是毫无用处的；第三位是爱神阿佛洛狄忒，她自信满满地认为，难道还有其他人比她更相称“美丽”这个字眼吗？

^ 美女海伦和特洛伊国王普里阿摩斯

三位女神相互争论说自己是最美的，争得脸红耳赤。自己说当然不算数，必须经过别人的认可，于是她们请求众神评判。这三位女神的地位都非常显赫，得罪了哪一位都没有好果子吃。众神面面相觑，无人敢出声。连老奸巨猾的宙斯这回也只能装聋作哑了。但是女神们不依不饶，非要他们给出答案。众神推托了半天，无奈之下，只好说让与各方都没关系的人评判才是最公正的。这个烫手的热山芋最终扔给了正在爱达山牧羊的特洛伊王子帕里斯。

帕里斯是特洛伊国王的次子，他刚刚出生时便有神谕说他命中注定会给特洛伊带来灭顶之灾，因此被国王遗弃到山中。帕里斯后来被一位牧羊人收养，并很快长成了一个英俊的少年。一天，他正在放羊，神使赫尔墨斯带着三位女神出现在他面前，请求他评出她们当中最美的一位。

望着眼前这三位美丽尊贵的女神，帕里斯犹豫不决。见此情景，女神们各自开出了条件。赫拉率先站出来，她高傲地许诺给他权力与财富。雅典娜应允赠予他无穷的智慧和卓越的军事才华。最后爱神阿佛洛狄忒款款走出来，微微一笑，她动了动具有魔力的腰带，软声说如果他把金苹果给她，她将送给他人间第一美女。

在权力、智慧和美色之前，帕里斯选择了最后一个，他毫不犹豫地将金苹果给了爱神阿佛洛狄忒。阿佛洛狄忒欣喜万分，但是帕里斯此举大大得罪了其他两位女神，她们决定要报复他。

美女海伦

人间最美的女人是谁？是斯巴达公主海伦。海伦是宙斯与斯巴达王后所生之女，她的容貌美艳无比，连花儿也为之羞涩。当海伦到了婚嫁的年龄时，她出众的美貌引来了络绎不绝的求婚者，每个人都眼巴巴地希望得到海伦的青睐。女儿没有求婚者不行，多了也是一件麻烦事。她名义上的父亲斯巴达王廷达瑞奥斯忧心忡忡，有选择就会有舍弃，他不希望在求婚者之间引起争乱。

斯巴达王的侄子奥德修斯也是求婚者之一，他向廷达瑞奥斯提出了建议。他说："您何必发愁呢？妥善解决这件事不是再简单不过的吗？只要在选择之前，让所有的求婚者发誓，无论海伦的决定是什么，他们都将接受她的选择，并且做这桩婚事的证婚人，如果有人想破坏他们以后的婚姻生活，他们都要站在海伦丈夫这边，共同维护他们的婚姻，一起反对那个破坏者。"

廷达瑞奥斯边听边点头称是。结果，所有求婚者都宣了誓。最后海伦选择了强壮的墨涅拉俄斯，他是迈锡尼国王阿伽门农的兄弟。墨涅拉俄斯与海伦结婚后，继承了斯巴达的王位，而海伦也顺理成章地成为斯巴达的王后。

他们的婚姻生活本来是美满的，海伦还生了一个活泼可爱的女儿。可是在这个时候，俊美潇洒的帕里斯出现了。爱神阿佛洛狄忒允诺送给他世间最美丽的女子，这个女子正是海伦。帕里斯从古希腊来到了斯巴达，墨涅拉俄斯热情地招待了他。在宴会上，帕里斯对海伦一见钟情。后来墨涅拉俄斯因事外出，留下了孤男寡女的帕里斯和海伦。在爱神阿佛洛狄忒的帮助下，海伦爱上了帕里斯，很快便被爱情冲昏了头，但她为人妻为人母的身份注定了这场爱情是灾难性的。没过多久，帕里斯拐走了海伦，并将王宫里的财宝掠夺一空。

战前动员

墨涅拉俄斯兴冲冲地巡视回来，没见到久违的爱妻，却突然听闻海伦与帕里斯私奔的消息，不禁怒火中烧。他立刻向兄长阿伽门农求助。阿伽门农马上派人到以前的求婚者那里，动员一切同盟者发兵攻打特洛伊，其中包括伊塔卡国王奥德修斯和英雄阿喀琉斯。

起初，动员同盟者的工作进行得并不顺利，就连当初提出这个建议的奥德修斯也不想遵守盟誓。他的妻子刚刚为他生下一个儿子，在这个时候，他不愿意抛下爱妻幼子外出打仗。

所以当阿伽门农派使者通知海

历史断面

多利亚人的入侵

多利亚人原先居住在希腊半岛北部，他们的社会、经济发展比较落后，但是军事上十分强悍。他们挥军南下，以摧枯拉朽之势占领了迈锡尼文明的核心地带——伯罗奔尼撒半岛。迈锡尼城破人亡，多利亚人对迈锡尼文化表现得漠不关心，于是迈锡尼文明的艺术、建筑技巧、书写文字等就此失传了。希腊半岛一下子退回到了没有文字的时代，生活艰难。

伦被夺走的消息，并让他准备出发用武力夺回海伦时，他百般不愿。为了逃避当初的誓言，他居然装疯卖傻起来。收到消息的阿伽门农自然不相信这个机智狡猾的人会发疯，于是派了老英雄涅斯托耳前去察看。老涅斯托耳见到奥德修斯时，他正驾着一头驴子和一头牛拉的犁在田里犁地，而且他还倒着走，播的不是麦种而是石子。见到此景，同行的使者不知所措，面面相觑。然而见过大风大浪的老涅斯托耳却胸有成竹。在奥德修斯倒着走路推犁前进时，他抱来了奥德修斯的儿子，把他放在犁铧前。在这种情况下，奥德修斯的戏无法再演下去了，他马上把犁歪向一边，抱起儿子看看他是否受伤。如此一来，他的伎俩就被戳穿了，奥德修斯只得同意出兵。

巧计辨英雄

最后响应号召的是英雄帕琉斯和仙女忒提斯的儿子阿喀琉斯。在阿喀琉斯出生时，他身为仙女的母亲不愿意看到自己的儿子成为一个凡人，于是提着他的脚跟，把他放在冥界之水中洗浴。他从此获得了刀枪不入之躯，但他母亲捏住的脚跟没有被洗浴到，因而脚跟成了他唯一的破绽。如今“阿喀琉斯之踵”在西方语言世界中成为“致命弱点”的代名词。

曾有预言说阿喀琉斯有两种命运：一种是在和平的生活中长寿地度过一生；一种是在战场上成为伟大的英雄，代价是英年早逝。帕琉斯不愿看到自己的儿子过早地失去年轻的生命，于是把阿喀琉斯男扮女装，送到斯库罗斯岛国王吕科德莫斯的王宫里，让他与国王的49个女儿生活在一起。这件事除了帕琉斯和吕科德莫斯谁都不知道，就连国王的女儿们也认为阿喀琉斯是她们的好姐妹。

奥德修斯来找阿喀琉斯时，所有人都告诉他，这里只有女孩没有男孩。但是奥德修斯没有放弃，他装扮成一个商人，带着商品进入王宫。在那里，他看到了50个少女，每个都是那么娇艳美丽，他分不出哪个是阿喀

^ 表现特洛伊战争中阿伽门农与英雄阿喀琉斯争吵场景的油画

琉斯。于是他把首饰、梳子、针线、花布等货品拿出来展示。49个少女都欢天喜地地跑过来赏玩这些精巧美丽的小东西，只有一个少女无动于衷，无所事事地站在一边。当奥德修斯掏出镶着宝石的匕首时，这个美丽的少女居然对此产生了兴趣，并拿起这把匕首仔细地欣赏起来。正在这个时候，战争的号角吹响了，那是奥德修斯事先安排好的，女孩们闻声惊慌失措，纷纷逃离，只有那个选择了匕首的少女手持匕首，毫不畏惧地走向号角声传来之处准备战斗。阿喀琉斯的伪装被揭露了，他的父亲只好同意儿子出战。

现在，无论是愿意还是不愿意，所有的同盟者都联合起来了。他们推举阿伽门农为统帅，决心让帕里斯为抢走一个女人而付出代价，因为他抢走的不仅仅是一个美人，还是一个希腊女子、一个妻子、一个王后。帕里斯带来的耻辱，不仅仅是墨涅拉俄斯本人的，还是整个古希腊的。

VISIBLE HISTORY OF THE WORLD

关键词：特洛伊 / 木马 / 阿喀琉斯

特洛伊战争

■ 公元前 12 世纪

绝世美人海伦被夺，她愤怒的丈夫召集诸多英雄，组成了古希腊联军浩浩荡荡开赴特洛伊。而特洛伊也厉兵秣马，火药味一下子浓了起来，甚至连众神也参与了进来。赫拉、雅典娜、波塞冬站在希腊联军这边，而阿佛洛狄忒、阿瑞斯和阿波罗帮助的是特洛伊。可以说，特洛伊战争不仅仅是人与人之间的对决，也是神与神之间的比拼。

古希腊各地的英雄勇士都集合起来了，十万远征军齐聚港口准备出发。他们的心中充满了海伦被夺的愤怒，也高涨着即将击败特洛伊的兴奋。可是在这时，古希腊联军主帅阿伽门农在打猎时误伤了狩猎女神阿尔忒弥斯的神鹿。阿尔忒弥斯大发雷霆，刮起飓风阻止舰队出航。无奈之下，阿伽门农只好用女儿伊菲吉妮娅祭神来平息女神的愤怒。就在刀起刀落之际，阿尔忒弥斯终于动了恻隐之心，刮来一阵风卷走了伊菲吉妮娅，让她成为自己的女祭司。无论如何，女神的愤怒被平息了，大风也就此停止，古希腊舰队终于可以扬帆出港了。

然而，事情并没有古希腊人想象的那么顺利，舰队刚刚到达特洛伊，就被早有准备的特洛伊军队迎头痛击。古希腊联军虽然强大但是不熟悉地形，特洛伊虽然弱小但是地利人和，双方打了个平手。此后战争互有胜负，陷入了拉锯战，一直持续了9年。

希腊联军内讧

^ 这幅《特洛伊的掠夺》，描绘了特洛伊战争的一个场面。死者萨皮顿被长着翅膀的“睡眠”之神和“死亡”之神从战场上抬走。画面中间的人物是灵魂守护神赫米兹，它正举起右手示意“死亡”之神动作轻一点。

战争的第十个年头很快来临了，经过了漫长的9年战争，久攻不下的古希腊联军开始军心涣散，不少士兵生病，军中的思乡情绪逐渐抬头，几乎所有人都想尽快结束这场战争回乡。联军面临着四分五裂的危险。

在这个关键时刻，联军内部却发生了内讧。事情的起因是这样的：联军组织了一场袭击，攻击附近的太阳神庙，掳回了无数的财富和两个美女，一个是女奴布蕾色丝，另一个是太阳神祭司的女儿克里茜叶丝。论功行赏，阿喀琉斯分到了布蕾色丝，而克里茜叶丝归属于阿伽门农。

太阳神祭司克津塞斯闻讯赶来求情，请求阿伽门农看在太阳神阿波罗的面子上把他的女儿还给他，但是被阿伽门农粗鲁地拒绝了。克津塞斯于是祈求阿波罗神降下灾难惩罚这些不敬神的古希腊人。阿波罗答应了他的请求，射下箭雨，希腊人死伤无数。阿伽门农惊惧不已，只得把克里茜叶丝放回去，但是转而非要阿喀琉斯把布蕾色丝作为代替品送给他。阿喀琉斯被他的强横激怒了，他同意把女奴送出去，但声明从此退出联军不再参战。

希腊联军失去了阿喀琉斯，特洛伊趁机进攻，士气大落的希腊人被攻击得节节败退，眼看就要溃不成军。一时间，希腊联军内部乱了套，不少人去劝说阿喀琉斯出战，但是都没有效果，后来阿伽门农亲自带着礼物去道歉，然而正在气头上的阿喀琉斯态度坚决如旧。

为了激励希腊人的士气，阿喀琉斯最亲密的好友帕特克劳斯穿上他的盔甲，执起他的矛盾，假扮成他上战场。特洛伊的大王子赫克托尔亲自出城应战。这位赫克托尔是鼎鼎有名的大英雄，帕特克劳斯力不能敌，最后被他所杀。

阿喀琉斯之死

听到这个消息，失去好友的阿喀琉斯悲痛欲绝，决定和阿伽门农和解，并披挂出战，要让赫克托尔血债血还。

赫克托尔有预感自己将葬身于阿喀琉斯之手，但是作为王子，他有责任保护特洛伊。阿喀琉斯在城下叫阵，他毅然离开了含泪的妻子和年幼的孩子，拿起长矛出城迎敌。

两位英雄在特洛伊城下进行决斗，从战车作战到贴身肉搏，打得难解难分。终于还是阿喀琉斯占据了上风，他绕着特洛伊城墙追逐了赫克托尔三圈，手刃了他为好友报仇。杀了赫克托尔，阿喀琉斯还不解恨，又剥下他身上沾满血迹的铠甲，用绳子将尸身绑在战车后面，将他的尸体拖得血肉模糊，才掉头返回阵营。一想起好友的死亡，阿喀琉斯就悲痛不已，他下令把赫克托尔抛尸野外，任野狗啃食。

特洛伊国王普里阿摩斯在城头看见儿子被杀，尸体还被如此残酷地对待，心都碎了。他决定不惜任何代价也要把儿子的尸体赎回来安葬。年迈的普里阿摩斯带上赎金，冒着生命危险来到阿喀琉斯的帐前。他扑倒在阿喀琉斯的脚前，流着眼泪亲吻了他的手，颤言道："我有50个儿子，可是自从你们来到这里后，无情的战争几乎夺走了我所有的儿子，现在我最信赖的儿子也死去了。我不敢奢望他平平安安地活着，但是至少请你把他的尸体还给我吧。想想你年迈的父亲，说不定将来他也会像我一样不得不跪在一个青年的面前祈求他，亲吻杀害他孩子的人的手。请你看在你父亲的面上，把我可怜的孩子还给我吧！”

普里阿摩斯诚恳悲哀的话语和满头白发打动了阿喀琉斯的心，令他想起了同样在家乡等候自己归来的老父亲。他的心软了，送回了赫克托尔的尸体，并答应在赫克托尔的葬礼期间不发动进攻。特洛伊全城隆重埋葬了勇士赫克托尔。

赫克托尔战死了，帕里斯再也不能躲在兄长的羽翼下，只得出马迎战阿喀琉斯。阿喀琉斯非常自满，根本没有把帕里斯放在眼里，却不知道轻敌是大忌。太阳神阿波罗站在特洛伊这一边，帕里斯得到了阿波罗的神谕，知悉了阿喀琉斯的弱点，开弓一箭射中了他的致命处——脚跟。英雄阿喀琉斯倒下了，他如预言中所说的一样，在战场上失去了生命，却赢得了无上的荣耀。

《拉奥孔》是希腊化时期古希腊最伟大的雕塑作品之一。在特洛伊城被希腊联军攻破的前夕，装满军队的巨大木马被送到城下。祭司拉奥孔识破了他们的计策，却触怒了庇护希腊联军的神灵。于是两条巨蛇突然出现在拉奥孔面前，将他和他的两个儿子缠绞至死。目瞪口呆的特洛伊人相信了木马的神力，将它拖入城内，最终导致了特洛伊城的灭亡。

木马计

赫克托尔死了，阿喀琉斯也死了，如此一来，两方都失去了最重要的人物，战争又重新回到僵持状态。此时，足智多谋的奥德修斯脑筋一动，出了一个主意。他们制造了一只大木马放在特洛伊城外，里面藏匿了许多战士。然后希腊联军烧毁了自己的营帐，登上船只，佯称回国，实际上是躲藏在附近。

特洛伊人站在城墙上，看到希腊人的船只逐渐远去，以为把希腊人打退了，于是欢呼起来。欣喜若狂的特洛伊人打开城门后看到了木马，大家从来没有见过这个古怪的大东西，围着木马议论纷纷。

此时，有人发现了木马腹下的希腊人，这个希腊人叫作西侬，是希腊联军特地留下的勇士，负责推动计谋的顺利进行。他假装哭泣地哀求特洛伊的饶恕，又恶狠狠地诅咒那些“背叛同伴”的希腊人，然后说这个大木马是献给雅典娜的祭品，献祭它的人会得到女神的庇佑，毁坏它的人会受到女神的惩罚。

^ 特洛伊人高高兴兴地把木马当作战利品抬进城去。

特洛伊人听信了他的话，于是想将它当作战利品拖回城内为神献祭。阿波罗神庙的祭司拉奥孔看穿了希腊人的诡计，他从山上跑下来警告他们千万不能把木马拖回城里。正当特洛伊人举棋不定时，波塞冬派出两条毒蛇把拉奥孔和他的两个儿子缠死了。特洛伊人惊恐万分，认定拉奥孔触怒了神灵，便不再怀疑，把木马运回城内。

当晚，特洛伊人围绕着木马载歌载舞，饮酒作乐，庆祝胜利。每个人都陶醉于胜利当中，只有公主卡桑德预知到了即将来临的悲剧。她曾经表示要将一生奉献给太阳神以换来预知的能力，但是之后又反悔了，为了惩罚她，阿波罗让她的预言永远不被人们所信。所以当卡桑德心急如焚地说出预言时，没有一个人相信她。

深夜，当人们昏沉沉进入梦乡时，没有人发现广场上的木马出现了异样。趁着夜深人静，西侬轻扣马腹，给予暗号，希腊人悄悄从木马里爬出，偷偷打开城门，迎进等候在城外的联军。希腊人一拥而入，到处烧杀抢掠，许多特洛伊人还没来得及反抗便在睡梦中被杀死。成年男子被杀，妇女、儿童沦为俘虏，国王普里阿摩斯死在了宙斯的祭坛边，后宫的女眷被掳走了。其后希腊人放火把城池烧毁，昔日繁华的特洛伊城顿时成为一片焦土。

希腊人因为木马计得胜，后来“特洛伊木马”一词成为“骗人的诡计”或“为了打败敌人从内部潜入”的意思。

至于战争的导火索海伦呢？她的命运又是如何？有人说，在帕里斯死去的时候，她也跟着自尽了。也有人说，其实海伦根本没有跟着帕里斯来到特洛伊，她在埃及守身如玉地等待丈夫的迎接。还有人说，特洛伊城破之后，墨涅拉俄斯找到了海伦。10年过去了，她的美貌还是那么光彩照人。墨涅拉俄斯原谅了她，把她带回了斯巴达。回程经过埃及时，埃及王后给她喝了忘却前尘遗恨的神水，祝她重新开始生活。至于海伦有没有喝下去，后来的生活又是如何，就再也没有人知道了。

VISIBLE HISTORY OF THE WORLD

关键词：城邦 / 奴隶主 / 公民政治

城邦文明的兴盛与衰亡

■ 公元前 8 世纪 ~ 公元前 4 世纪

长达400年的“黑暗时代”后，希腊半岛上的文明逐渐复苏。这时候，很多城市或市镇成为一个区域的中心。它们和四周的农村形成了独立自主的一城一邦，这就是古希腊特有的城邦。伴随着城邦的兴起，古希腊逐渐由原始社会进入了文明社会。

∧ 卫城是雅典以及全希腊的一颗明珠，位于雅典的最高处，站在上面可以俯瞰全城。

城邦的建立

古希腊城邦的建立，实在是天时地利人和诸多因素共同作用的结果，缺一不可。

从地理上看，希腊半岛面积不大，躺在爱琴海的怀抱里。岛上绵延纵横着很多山脉，地形崎岖，小块的平原分散在山脉之间。这样的地理环境不适合建立统一的大国家。同时，半岛上土壤贫瘠，不适宜种粮食，只能种一些葡萄、橄榄之类的经济作物。如果建立大国家，将没有足够的粮食供养人口。于是，人口相对较少、规模相对较小的城邦便成了最好的政治组织形式。

古希腊人并非“土著居民”，他们的祖先来自于多瑙河下游和巴尔干半岛一带。起初，祖先们拖家带口，迁往自己向往的福地。他们走走停停，有人留在了希腊北部安家立业，有人继续南下，最后在希腊中部和南部的狭长平原地带停留下来，繁衍生息。邻近的几户人家联合起来，互助劳动，并一起保卫家庭的安全。在祭祀的日子，他们就一同聚餐分享祭坛上的食物。随着社会和经济的不断发展，人口越来越多，聚落越来越大，逐渐形成了城邦。

古希腊人在几百年里建立了大大小小的城邦。最早建立城邦的是小亚细亚沿岸和爱琴海诸岛，希腊本土的雅典和优卑亚岛紧随其后，然后是伯罗奔尼撒半岛和克里特岛，再后是希腊中部和北部。同时，绵长曲折的海岸线给希腊半岛带来了很多优良的港口，适合出海航行。古希腊人踏上海船，扬帆远航，将城邦制度带到了足迹所及之处，海外出现了数不胜数的子城邦。

每个城邦都拥有一个共同的祭祀圈，共同崇拜一个神灵。中心城市是城邦的政治和社会中心，执政官的府邸和办公地点就设在这里。城市的中心是卫城，往往建在山丘上，是神庙的所在地。不过，并不是每一个城邦都有中心城市，斯巴达城邦就完全是由农村组成的。

小国寡民

保守估计，古希腊至少建立了450个城邦，比较著名的有雅典、斯巴达、底比斯、米利都、麦加拉等。城邦面积一般比较小，其中最大的斯巴达面积约有8400平方千米，雅典约有2500平方千米。除了这两个城邦之外，其他的城邦要小多了。比如克里特岛的面积和斯巴达差不多，岛上却有将近100个城邦；希腊中部的弗里斯面积只有1600多平方千米，却设置了22个城邦。更有甚者，有的城邦面积只相当于中国的一个普通村庄。

这么小的城邦，容纳的人口数量自然也不会太多。雅典是古希腊人口最多的城邦，总人口数在10万~30万人。斯巴达的总人口数不会超过20万人。有些小城邦只有几千人。用“小国寡民”来形容城邦再合适不过了。

小并不等于不好。柏拉图认为，理想的城邦应当限制在一个不大的公民群体和空间范围，只需要5040名全权公民。而现实中的城邦规模太大，带来了很多社会问题。亚里士多德则认为，城邦最合适的规模为1000人，超出这个数量，城邦就会出问题。

各城邦之间的接触非常频繁。和平时期，城邦之间会进行贸易，互通有无。一旦敌对的关系建立起来，城邦之间还会爆发战争。尽管如此，鉴于他们有着共同的文化背景，一旦遇到强大的外敌，各城邦还是会联合起来一致对外的。

作为宗教的象征，每个城邦都会在圣殿点燃长明邦火。只有城邦灭亡，邦火才会熄灭。许多城邦除了崇拜宙斯、赫拉等大神之外，还有自己的邦神。

老鹰与夜莺

古希腊所有城邦中的居民都由三种身份的人组成：公民、没有公民权的自由人和奴隶。奴隶的财产和生命属于奴隶主，命运要由奴隶主来决

^ 爱琴海上的提洛岛由 39 座大小不一的岛屿组成。从遗存到今天的古希腊时代的城垣和石狮身上，我们依稀还能看到它往昔的辉煌。当年提洛同盟的总部就设在这里。

定。自由人主要是妇女和外邦人，虽然有自由的身份，但没有政治权利。只有公民才享有完整的权利，有权参与城邦的政治生活。

破产和负债的公民会被剥夺政治权利，成为低一级的自由人。古希腊诗人希西阿德在长诗《田功农时》中，引用了寓言《老鹰与夜莺》。他将奴隶主比作老鹰，将破产的人比作夜莺。在寓言中，老鹰抓起夜莺飞向天空，希西阿德借此表现奴隶主贵族对破产者的掠夺和剥削。

妇女对城邦的政治大事没有发言权，却可以在家里从事纺织业。她们熟练地掌握剥茧抽丝并织成丝绸的技术，还可以在丝绸上刺绣出美丽的花样。在给全家人添置完衣服和被褥后，她们就将多余的纺织品出售。时间长了，她们逐渐开始雇佣自由人和奴隶，大量生产纺织品，家庭工场由此而建立。

农民要依照农时来从事农业生产活动。那时候，古希腊人有了镰刀、斧头、鹤嘴锄等工具。农民带上奴隶，套上牛车，带着工具去田间劳作。每年十一月，他们要犁地，播种小麦，等到第二年的五月才能收

^ 腓尼基人曾称霸地中海，与古希腊人争雄，并对古希腊文明产生了深刻影响。

获。在小麦的生长季节，农民也不能闲着。他们趁着秋高气爽时砍伐树木并尽快晾干，免得遭到虫蛀。二三月份要修剪葡萄藤，否则葡萄就没有好收成。等到蜗牛从地面爬上树梢时，就要开始磨镰刀准备收割小麦了。收割活动结束后，土地需要休耕来恢复地力，休耕地便成了孩子们嬉戏的乐园。

《田功农时》记载，夏至后五十天，人们就迎来了航海的好时光，这时风平浪静，风向有利。将货物装船，扬帆起航，驶到其他城邦去进行贸易，成了这个时期古希腊人的主要生计。

公民政治的雏形

哲学家亚里士多德曾经说过：城邦是公民的集合体，除了公民之外，什么也没有。这句话表明了公民政治的重要性。在某种意义上说，城邦政治确实是公民政治，公民决定着城邦政策的走向。

一般的城邦实行三级制度，即执政官、贵族会议和公民大会。公民若想参与政治生活，需要通过公民大会。这是一种直接的民主制度。城邦中全体享有政治权利的公民来共同决定城邦的大小事务，是一种真正意义上的“人民当家做主”。有人认为，这是西方国家三权分立体制的最早雏形。

公民政治的形成有一个历史过程。进入城邦时期后，绝大部分的城邦转变为“贵族政体”，即由贵族独霸政权。他们为了保护贵族的既得利益，设置了一系列机构和法规，如规定贵族会议决定国家的对内和对外政策，规定成员只能从贵族阶层选取，等等。后来，随着权利争夺斗争的加剧，少数贵族垄断了特权，代表贵族进行统治，称为“寡头政体”。偶尔，还会出现“僭主政治”，即某个具有权势的人控制了整个政权，进行个人统治，具有浓重的独裁色彩。

这三种政体实际是贵族统治的不同形式。有的城邦在几种统治方式之间不断转换；有的城邦倾向一种，如柯林斯倾向于寡头政体；只有斯巴达长期保持着贵族政体。

很多人认为，古希腊之所以在文学、科学、艺术等领域取得举世瞩目的成就，要归功于城邦制度，因为多元的组织形式给艺术创作带来了更多的可能。而民主政治之所以成为现实，也要归功于城邦制度，因为没有强大的政权对公民形成压迫。

但城邦制度使得文明繁荣的同时，也不可避免地使其走向衰亡。城邦之间虽然有共同的文化背景，却难以避免矛盾和冲突。有些城邦结下了世仇，陷入了可怕的拉锯战。由于没完没了的内讧大大消耗了城邦的力量，社会经济也逐渐衰落。伯罗奔尼撒战争之后，各城邦经济出现严重问题，社会财富日益集中在少数人手里，贫富差距不断拉大，社会矛盾日趋加深。再加上城邦之间小战不断，局势混乱不堪。

就在这时，东方的马其顿王国强大起来，铁蹄踏遍希腊半岛，打败了最强大的城邦——雅典和斯巴达。古希腊的城邦文明逐渐走向了衰亡。

VISIBLE HISTORY OF THE WORLD

关键词：航海 / 移民 / 扩张

海外殖民进行时

▪ 公元前 8 世纪 ~ 公元前 6 世纪

古希腊民族是最具有冒险精神的航海民族之一。古希腊人时常扬帆出海，乘风破浪，即使遇上暴风雨也毫不退缩。他们对冒险充满了向往，最能体现这一点的是公元前8世纪的海外大殖民。通过这场轰轰烈烈的运动，古希腊人所能影响的地域扩大了数倍。

挥泪告别家乡

公元前8世纪至公元前6世纪，在城邦纷纷建立之后，古希腊展开了大规模的殖民活动。古希腊人拥有先进的航海技术，面前的地中海又是那么广阔无涯，这些优势让他们选择了面向海外而不是内陆的殖民。

这次殖民运动一共有几十个古希腊城邦参加，先后建立了百余个殖民城邦，其中最著名的有西西里岛上的叙拉古，赫勒斯本托斯海峡边的拜占庭，法国沿海的马赛等。这些城市不仅仅是古希腊时代有名的城邦，也是后来的历史名城。

当时为何会出现如此大规模的移民呢？《奥德赛》中的主人公千辛万苦也要回到家乡，可见古希腊人虽然爱好冒险，但是对于故土也是十分眷恋的。可以说，海外大殖民是古希腊人的不得已之举，古希腊地少人多，随着人口的增加，人与土地之间的冲突越来越明显，一旦遭遇灾年，粮食更是供不应求。为了避免人吃人的惨剧发生，农民被迫离开家园，寻找一番新天地。另外也有一些在权力斗争中失败的贵族自动或被迫选择寻找另外一片土地作为归宿。

于是，城邦召开了公民大会，决议向外移民，每户人家除了长子留下之外，其他年轻力壮的男子都要离开。虽然无奈，但是没有人表示抗议，因为只有分散人口才能找到活路。他们小心翼翼地将一把土装进小口袋里，与送行的亲朋好友挥手告别，含泪踏上了船只。他们带着年迈双亲的声声叮嘱和对美好未来的向往驶向大海，寻找新的乐园。

新的开拓

在进行一次殖民远航之前，城邦内部一般会召集自愿出外的居民（在特殊情况下会强制召集），制定有关殖民地的规则章程。例如，规定每一个人可以获得多少田地等，以此来激发移民的热情。此后城邦组织船队，负责给养，顺利将移民运送到所要殖民的地方。

移民们怀念故土，虽然不得不离开家乡，但是在临走时，他们带走了神庙里的一点火种。到达目的地后，建立起新的神庙，把火种保存下来，世世代代燃烧，以示薪火传承。

海上航行是枯燥、辛苦而且危险的，移民们凭借着惊人的毅力，越过海上的重重危险，来到一个完全陌生的地方。他们筚路蓝缕，用辛勤和汗水建立起新的城邦。这些移民保留原有城邦的公民地位，但同时也成为殖民地的公民，享有新的权利。随着古希腊城邦和腓尼基商人之间贸易的增长，殖民地起到了中转站的作用。通过这些殖民地，粮食、铁器、瓷器、香料等商品源源不断地流向了希腊半岛。

与罗马殖民或后来资本主义时期的殖民活动相比，古希腊的殖民有自己的特点：新建立的城邦与母邦供奉同样的神灵，使用同样的语言；在文化上一致，在经济上也有很紧密的联系；但是在政治上子城邦不依附于母邦，而是各自独立的。随着时间的流逝，它们之间的关系逐渐发生变化，有些更为亲近，有些则越来越疏远，甚至可能发生冲突。

经过了百余年的开拓，古希腊人大大扩大了地盘，最早的殖民地是小亚细亚海岸的爱奥尼亚，后来几乎遍及整个地中海。在北边，有一些移民经过赫勒斯本托斯海峡到达黑海沿岸，在那里建立了城

克里特岛南岸的康摩斯港，是米诺斯人最繁忙的港口。此图反映了古希腊繁荣的贸易场面。

邦。在南边，他们到达非洲利比亚至突尼斯沿岸。在西边，他们到达了意大利南部和西西里岛，有些人甚至走到了西班牙东部和法国东南部。这个地区领域广阔，因此被称为“大希腊”。在东边，由于东方强国埃及和巴比伦的当关，古希腊人未能越雷池一步，只是经过法老的允许后，在埃及一些沿海地区建立了商站。

势力范围的扩张，为古希腊人接触埃及等发达的文明提供了有利的机会，有力地促进了希腊经济和文化的发展，奠定了辉煌文明的基础。但是无法回避的是，在这一过程中，移民往往驱逐、奴役当地的原住民，给当地原住民带来了无尽的灾难。

VISIBLE HISTORY OF THE WORLD

关键词：火种 / 人类诞生

文明的使者普罗米修斯

■ 神话传说时代

在中国古代神话中，女娲抟土造人。无独有偶，在古希腊神话中，人类也是由泥土捏成的，不过创造他们的不是女神，而是一位男性神——普罗米修斯。他不仅创造了人类，还给人间带来智慧和文化。为了人类的幸福，他心甘情愿独自承受巨大的折磨和痛苦。

巨神造人

普罗米修斯是泰坦巨人的后裔，巨人一族身材高大，脾气暴躁，可是普罗米修斯却不一样，他性情温和，热爱大自然，不好争斗。普罗米修斯的与众不同招致了巨人们的敌视。他只好远离族人，独自过着宁静的生活。

宙斯在推翻父亲后，为了成为全世界的统治者，曾经与不服他的泰坦巨人进行过一场恶战。巨人惨败于宙斯的雷霆闪电之下，被打入了地底深渊，只有少数人幸免于难，普罗米修斯就是其中的一个。他性好和平，不愿意参与任何一方的争斗，因此躲过了一劫。

神与神之间的战争结束后，世间恢复了平静，鸟语花香，流水潺潺，

生活安然祥和。但是普罗米修斯却感觉缺少了什么，于是他将土和水和在一起，按照自己的形象，捏造出了人，从此世上有了人类。看着人们围着自己欢笑歌唱，普罗米修斯露出了真心欢喜的微笑。

火的由来

在人类的初期，世界上没有火，人们生活在幽暗寒冷的洞穴里，过着茹毛饮血的生活。生肉的腥臊和夜晚的寒冷容易诱发各种疾病，人们苦不堪言，便向他们的父亲普罗米修斯求救。

^ 为了惩罚盗天火的普罗米修斯，宙斯派人将他绑在黑海边的一块岩石上，并让一只鹰每天啄食他的肝脏。

普罗米修斯请求神王赐予人类火种，可是宙斯一口回绝了他的请求。慈悲的普罗米修斯于是悄悄地跑到火神赫淮斯托斯的工厂里，偷了一点火种，带下了人间。从此以后，人间便有了火，人们学会了用火煮食，晚上用火取暖，点燃火把驱除猛兽，温暖和快乐洋溢在世间。

看到凡间欢声笑语，宙斯十分惊诧。获悉是普罗米修斯把火种从天庭偷了下去之后，他大为震怒，决定好好惩罚一下普罗米修斯。他命令火神赫淮斯托斯制造了坚实的铁索，把普罗米修斯锁在悬崖上，每天都派一只神鹰去啄他的肝脏。肝脏白天被啄完，晚上又会长回来，所以普罗米修斯日日都得忍受啄心之苦。后来直到英雄赫拉克勒斯路过，杀死了神鹰，解开了铁索，才把普罗米修斯解救了出来。

潘多拉之盒

惩罚了普罗米修斯，宙斯还不解气，他决定给人间更多的灾祸以抵消火给人类带来的利益。他命赫淮斯托斯制造了一个叫作“潘多拉”的美丽女子，给她束上无比精致的金发带；雅典娜给她穿上银白色的衣服，罩上漂亮的刺绣面纱，把盛开的鲜花编成美丽的花环套在她头颈上；赫耳墨斯赐给她说话的能力；阿佛洛狄忒赐给她娇媚的仪态。最后每位神灵送给她一些对人类有害的东西，装在盒子里。

宙斯派人将美女潘多拉和那个精致的盒子送给普罗米修斯的兄弟厄庇墨修斯。普罗米修斯曾经嘱咐过他的兄弟不要接受宙斯的任何礼物，但是厄庇墨修斯被潘多拉的美貌迷住了，收下了她和盒子。婚后，厄庇墨修斯把盒子交给潘多拉保管，并要求她不要打开。可是，“女人的好奇心足以杀死猫”，一天趁厄庇墨修斯不在家，潘多拉偷偷把盒子打开了。这下子了不得了，盒子一打开，里面的灾难、瘟疫统统跑出来了，从此世间有了苦难。潘多拉吓了一跳，赶紧把盒子关上，“希望”被关在了盒子里。后来，“潘多拉之盒”便成了“灾难之源”的意思。

新一代人类诞生

失去了父亲普罗米修斯的教诲，人类慢慢变得残暴而堕落。宙斯本来就厌恶人类，于是掀起了一场滔天大洪水，把人间淹没，只留下了普罗米修斯的儿子丢卡利翁和儿媳皮拉。他们坐在船上，在水上漂流了九天九夜，才找到了一块凸出水面的陆地，在那里扎根生活。

世上只剩下一男一女，要想恢复到洪水前的人丁兴旺得多长时间呀！他们发愁了，便请教宙斯人类如何能迅速繁殖。宙斯发过洪水后也后悔了，便告诉他们将石头越过肩膀往后扔。

夫妻俩遵从神王的命令，扔了许多石头。于是丢卡利翁扔的石头变成了男人，皮拉扔的则变成了女人，他们的子孙成为人类的领袖。后来，丢卡利翁和皮拉生下了希伦，希伦便是希腊人的祖先。

历史断面

鲜血染成的红玫瑰

传说阿多尼斯是世间最英俊的少年。爱神阿佛洛狄忒情不自禁地爱上了他。但是阿多尼斯还不懂得爱情的滋味，他只喜欢在森林里打猎。后来，阿佛洛狄忒知道了一个可怕的预言：她心爱的少年会被野猪撕成碎片。为了保全少年的性命，她苦苦祈求阿多尼斯不要独自去打猎。

然而有一天，当她熟睡时，阿多尼斯悄悄地进入森林深处狩猎。嫉妒的战神阿瑞斯趁机派野猪将阿多尼斯撕咬成了碎片。悲痛欲绝的阿佛洛狄忒四处寻找心上人，地上的荆棘刺破了她白嫩的纤足。爱神的鲜血滴在白色的玫瑰花瓣上，从此便有了娇艳的红玫瑰。

专题

寻找特洛伊

⊙遗址重现 ⊙宝藏挖掘 ⊙历史推进

千百年以来，《伊利亚特》广为人知，代代传颂，人们一直认为特洛伊和那场战争只是诗人天马行空的想象。有一个人却坚持它是真实存在的，他就是德国人海因里希·谢里曼。

孩童时的梦想

海因里希·谢里曼（1822—1890）幼时便听长辈读过《伊利亚特》，对特洛伊产生了浓厚的兴趣。由于家境贫寒，他14岁被迫辍学，后来经过不懈的努力，终于积累了一定的资本。长大后，谢里曼念念不忘《伊利亚特》，在他的心中，那位绝世佳人海伦，那场战争，那些勇猛的英雄，还有传说中普里阿摩斯的黄金宝藏，都是曾经真实存在的。他经常一边拿着《伊利亚特》，一边对照着在地图上搜寻。最终，他把目光停留在了奥斯曼帝国西北部的大平原上，“就是这里！”他欣喜地叫了起来。

谢里曼马不停蹄地赶往奥斯曼帝国，在辽阔的平原上寻找特洛伊城。据《荷马史诗》记载，赫勒斯本托斯海峡隔开了小亚细亚和欧洲，特洛伊位于它的旁边。现在这条狭长的海峡仍然存在，但特洛伊究竟在哪里？起初，谢里曼找到了布那巴奇山。史诗中描述，英雄阿喀琉斯绕着城墙追赶了三圈才杀死特洛伊王子赫克托尔。但谢里曼花了6个小时才跑完三圈。两位英雄难

▲特洛伊古城墙遗址

道相互追杀了6个小时才决出胜负吗？他摇摇头，放弃了布那巴奇山。

后来，他找到了一座名叫“希萨里克”（在当地语中意为“要塞”）的山。站在山脚下，谢里曼知道他找到了，因为这里的地形和史诗中描述的一模一样！他似乎看到了两千多年前在这里发生的情景：特洛伊城建在山顶，特洛伊人通过设置在城墙上的瞭望塔，看到了不远处的海岸线上隐隐出现的古希腊舰队……

特洛伊在这里

谢里曼努力争取到了奥斯曼政府的允许，便迫不及待地开始了挖掘工作。在山顶，他挖出了一段坚实牢固的石墙，但他很快就意识到，这堵墙是属于特洛伊之后的另一个遗址。实际上，希萨里克山遗址是由不同时期的城池重重累叠起来的。为了找到特洛伊，他需要继续往下挖。

压在特洛伊上面的遗址终于被一层层地挖走了。谢里曼惊喜地从工人刚刚翻出来的土中发现了金属器皿。他意识到，他想要的东西快要出现了！随后，更多的金属器皿和陶器陆续出土，他离特洛伊越来越近了！

1873年，谢里曼发现了特洛伊城门的地基。在清理地基时，他在附近又发现了另一组建筑的地基，地基的土夯得很实，规模宏大，他认为这是特洛伊国王普里阿摩斯居住的王宫。此时，他马上想起了另一个令他怦然心动的目标，那就是“普里阿摩斯的黄金宝藏”。荷马说，在王宫深处，有一处秘密的仓库，里面藏放着数不尽的金银财宝。既然他能找到特洛伊，有什么理由找不到宝藏？怀着这个信念他加快了工作的步伐。

惊天大发现

这一天终于来临了，谢里曼在工作时，突然看到了铲子边出现的金光。他的心剧烈地跳动起来。悄悄地环顾左右，确定没人注意后，他若无其事地吹响口哨，让工人离开休息。

工人一离开，谢里曼就拼命挖开了，土壤里藏着的宝物一点点地显露出来。当泥土全部被挖走时，他惊呆了，满坑满谷的宝藏！有珠宝，也有金银制成的盘子等日用器皿。此后，谢里曼通过种种手段，把宝藏偷运到了希腊。在雅典，他郑重、骄傲地向全世界宣布，他找到了特洛伊，找到了普里阿摩斯国王的宝藏！

谢里曼的发现震惊了全世界。他向世界证实了特洛伊的存在。那他找到的究竟是不是特洛伊呢？是，也不是。特洛伊的位置谢里曼找对了，但是他挖过头了。他越过了特洛伊，挖到了另一个比特洛伊时代更早但同样伟大的城池。谢里曼对希萨里克遗址进行了分层，一共分为七个地层。他认为特洛伊在第二层，实际上经过后人更为详细科学的考证，特洛伊是在第六层。

▲土耳其人根据传说仿制的特洛伊木马

无论如何，谢里曼都是伟大的。他直接将古希腊的历史向前推进了400年，证实了公元前12世纪古希腊即有辉煌文明的存在。但是他为了找到特洛伊，破坏了上面意义十分重大的地层。另外，他将不同地层的遗留物混合在一起，打破了地层关系，这一点也是令人诟病的。

第二章

天上与人间

经过了漫长的“黑暗时代”的孕育，希腊的经济逐渐复苏，并开始进入“古风时期”，后来闻名于世的城邦制度逐渐形成。古希腊的城邦多若繁星，城邦政治也得到了长足发展。

古希腊民族是最具有冒险精神的航海民族之一，扬帆出海、乘风破浪，海外殖民运动风生水起；崇尚力与美的古希腊人，将祭祀神灵的仪式演变为一场“奥林匹克运动会”，为了将荣耀献给城邦，他们在赛场上顽强拼搏、驰骋英姿。

关键词：神话故事 / 十二主神

奥林匹斯山上的众神

神话传说时代

古希腊是人神“共存”的国度，在古希腊人的眼中，神与他们同在，就住在希腊半岛北部的奥林匹斯山上。神与人同形同性，有男有女，既有人的体态，也有人的七情六欲。他们会嫉妒、会恋爱、会结婚，也会产生婚外情。神喜欢干涉凡人的活动，神和神之间存在争斗，他们也有“宫廷政变”。神与人唯一的区别仅仅在于前者永生不死，常葆青春；后者生命有限，有生老病死。

古希腊的历史和神的传说紧密交织。无论是在科学与哲学领域，还是在艺术与文学中，神明的形象总是无时不在、无处不在。戏剧以神的故事为主题，雕塑以神的躯体为模型，古希腊人用自己全部的汗水与智慧，为心目中的神明做出了最广泛、最深入的诠释。

古希腊的神可以分为两种，一种是想象中的天神，他们是世间万物的主宰者，控制着一切自然的力量和人类无法主宰的机缘，人们对他们充满了敬畏；另一种是传说中的英雄，他们原本是早期

大力神赫拉克勒斯

的部落首领或乱世英雄，只是人们为他们的力量、勇气、智慧和品格所倾倒，在世代流传的故事中渐渐赋予了他们更强大的能力、更动人的容貌和更炽烈的情感。

∨ 女爱神阿佛洛狄忒，用大理石雕成，雕像所表现的人体极尽优美。

创世神话和新老神之争

相传，在世界产生之前，宇宙中一片虚无，没有光和影，也没有天和地，一切都处于混沌当中。大地之母盖亚生了天神乌拉诺斯，乌拉诺斯后来成为世界的主宰者。盖亚与乌拉诺斯结合生出了6男6女共12位强大的泰坦巨神，分别掌管天、地、日、月、星辰、海洋等，此外还生了3个独眼巨人和3个百手巨人。

乌拉诺斯惧怕他的权力被儿女夺去，于是把他们全部囚禁在暗无天日的地底，这激怒了疼爱孩子的盖亚。在她的帮助下，最小的儿子克洛诺斯将他的兄姊们解救出来，并联合他们杀死了父亲，推翻了他的统治，克洛诺斯取而代之，成为第二代主神。这两代神便是希腊神话中的“老神”。

克洛诺斯成为众神的领袖后，和姐姐瑞亚结合，生下了3男3女。克洛诺斯亲手推翻了父亲的统治，因此内心十分惶恐，怕他的孩子也会反对自己。为了防患于未然，瑞亚每生下1个孩子，他都要把孩子吞到肚子里去。瑞亚生了5个孩子，他就连续吞了5个。瑞亚在生第六个孩子也就是宙斯时，她不忍这个孩子再被丈夫吞食，于是用布裹住一块石头

^ 奥林匹斯山诸神

在古希腊神话中，那些主宰人类、统治世界的诸神就住在奥林匹斯山上。天神们平时居住在各自的领地内，过着无忧无虑的生活。当听到“众神之王”宙斯召唤时，他们就会从四面八方纷纷赶来，齐聚宙斯的神殿。

冒充是婴儿让克洛诺斯吞下。克洛诺斯被瞒过了，于是宙斯幸存了下来。

宙斯长大后具有了强大的神力，他悄悄把毒药放进克洛诺斯的酒杯里，使他剧烈咳嗽，吐出了被他吞下的儿女。于是宙斯领导他的兄姊们重演了曾经的“宫廷政变”，将父亲从高高在上的神座上推了下去，自己做了新的神王。他与妻子赫拉（也是他的姐姐）摇身一变，成为奥林匹斯山至高无上的统治者，伴随着改朝换代，新一代的神也产生了，即“新神”，又称“奥林匹斯众神”。

显赫的众神系谱

在奥林匹斯山众多神灵中，有12位最为重要，他们分别掌管世间万物，被尊称为“十二主神”。他们分别是众神之王宙斯、天后赫拉、太阳神阿波罗、月亮神阿尔忒弥斯、智慧神雅典娜、爱神阿佛洛狄忒、战神阿瑞斯、神使赫耳墨斯、农神得墨忒尔、火神赫淮斯托斯、海神波塞冬和冥神哈得斯。

宙斯是传说中的众神之王，他拥有至高无上的权力，可以决定人间的秩序和法律，主宰人间的祸福兴衰，判定战争和竞技的成败输赢，监督风俗习惯和宗教仪式的正常运转。他的武器是霹雳闪电，这使他的威力在天地间无法阻挡。但是他的威严和威力并不成比例，关于他的风流韵事在古希腊传说中多如牛毛。不论是天上的女神还是人间的公主，只要是美丽的女子他都有兴趣。因此他也就有了许许多多的子女，而他的子女们也分别具有不同的神力和曲折的际遇。

科林斯国王西西弗斯对宙斯的行径十分不满，结果被宙斯关入地狱，接受惩罚。他必须每天把一块巨大的圆石头推向山顶，但是快到山顶时石头又会滚下来。就这样，西西弗斯要一直不停地进行这种重复而枯燥的劳动，永无休止。

由于有了宙斯这样不能让人安心的丈夫，赫拉成了嫉妒心极重的女神。其实这位天后原本是宙斯的姐姐，因为原始社会里近亲结婚的习俗在传说里为她安排了婚姻，她成了宙斯的正妻。她和宙斯一样拥有风雨雷电的威力，除此之外她还是婚姻的保护神，尤其是保护那些已婚的妇女。但是具有讽刺意味的是，她连自己的婚姻都不能保护。在古希腊的传说中，她似乎总在不停地忙着收拾宙斯的那些情人和子女，嫉妒和仇恨让她在报复他们时显得格外冷酷无情。

光和影的孪生子

但是赫拉不可能每次都报复成功。当宙斯的情人泰坦女神勒托即将生产时，赫拉命令大地不得留给她一块可以用来分娩的土地。但是宙斯命令大海隆起了一个岛屿罗德斯，勒托在那里生下了一对孪生儿女——太阳神阿波罗和月亮神阿尔忒弥斯。

阿波罗的权力很大，主掌着光明、青春、医药、畜牧、音乐和诗歌等富有生命和激情的事物，还要向凡人宣布宙斯的预言和谕告。他每天都驾驭着天马拉乘的神车从天空中飞驰而过，给世间带来光明和温暖。

月亮神阿尔忒弥斯是个美丽的女子，同时也是人间的狩猎之神。她经常背着弯弓和一头赤色鹿一起巡视山林，天上弯弯的月亮正像她那把弯弓的形状。年轻的阿尔忒弥斯难免会爱上男人，但是她的哥哥却总是想办法把他们拆散。有一次阿尔忒弥斯狂热地爱上了一个青年，以至于忘记了每晚应该用皎洁的月光照亮大地，阿波罗就利用她视力不好的弱点，指那个在远处的年轻人为野兽，骗她将其射死。从此阿尔忒弥斯伤心不已，万念俱灰，月亮也因此变得冰冷而没有生命。

四季的由来

在远古的大地上，一年四季如春，这是农神得墨忒尔的功劳。在女儿春之女神珀尔塞福涅的陪伴下，她愉快地工作，促使大地结出丰硕的果实。然而，母女幸福宁静的生活被冥神哈得斯打破了。有一天，当珀尔塞福涅与女伴们在

草地上嬉戏时，哈得斯巡视大地时路过，被珀尔塞福涅的美丽纯真吸引。他不由分说掠夺了她，把她带到冥界，立她为冥后。珀尔塞福涅

^ 巴那斯山

巴那斯山是太阳神阿波罗和9个司文艺的缪斯女神的居住地。意大利画家曼特尼亚这幅创作于15世纪的《巴那斯山》描绘了阿波罗和缪斯女神纵情歌舞欢娱的场面。

不愿生活在阴冷的冥世，她日夜以泪洗面，想念母亲。

当工作回来发现女儿被劫时，得墨忒尔悲痛欲绝，于是四处寻觅，以致使大地失去了勃勃生机。她走遍了大地，四处询问是否有人知道珀尔塞福涅的下落。在得知女儿被哈得斯掠走后，她深入冥界，向冥王索要她的女儿。哈得斯同意了她的要求，前提条件是珀尔塞福涅没有食用冥世的食物。但是珀尔塞福涅因为饥饿难忍，吃了一个石榴，她只能永远待在冥界了。

女儿不能回到身边，得墨忒尔非常哀伤。她终年郁郁寡欢，对工作提不起兴致，大地逐渐干枯，草木不生，鲜花凋谢。下界的变化惊动了宙斯，在他的干预下，哈得斯终于同意珀尔塞福涅半年住在冥界，半年回到地上与得墨忒尔团圆。在有女儿相伴这段时间里，得墨忒尔心情愉快，大地春意盎然；不能与女儿见面时她则无心工作，大地枯萎荒芜，这便是四季的由来。

爱神的叹息

在新神与老神的战争中，宙斯将父亲克洛诺斯的阴茎割下来扔到海里，从翻滚的大海泡沫中生出了爱神阿佛洛狄忒。她的美貌举世无双，迷住了所有的神，连宙斯也对她垂涎三尺。塞浦路斯的国王皮格马利翁是个孤僻却热爱雕塑的人。一次他闲寂无聊时用象牙雕刻了一尊美人像，十分满意，时时对着她沉思神往，后来竟然爱上了她。皮格马利翁向阿佛洛狄忒祈求赐予雕像生命，阿佛洛狄忒被他的诚意感动，便赋予雕像生命，让他们成为终身伴侣。后来“皮格马利翁效应”成为专有名词，描述人们对他人寄予希望，最后终于使其在潜移默化中逐渐符合期望值的效果。

那喀索斯的爱情和皮格马利翁的一样有特色。他是古希腊神话中著名的美男子，心高气傲，拒绝了回声女神对他的爱情。回声女神伤心而死，她留在森林里的叹息声化成回音到处回荡。惩戒女神为了惩罚那喀索斯，让他疯狂地迷恋上自己映在水中的影子，每天流连感伤，最终憔悴而死。

他死后化作水仙花生长在水中。

爱神的美丽引起了宙斯的注意，但是她不愿意接受宙斯，最后被迫嫁给火神兼匠神赫淮斯托斯。赫淮斯托斯虽然容貌丑陋而且跛腿，但是非常勤劳聪明，曾经有许多发明，包括武器、车辆、容器等。婚后的爱神依然信奉恋爱自由，和英俊但残暴的战神阿瑞斯一起生下了 5 个孩子，其中包括小爱神厄洛斯（罗马神话中称为丘比特）。这位小爱神长着金翅膀，手里拿着弓和箭，随时准备把爱情射向人间。他的箭筒里有两种作用相反的箭，一种是金箭，被射中的人会坠入爱河；另一种是铅箭，爱情会从被射中的人心中消失。

智慧与机智

雅典娜是宙斯与智慧女神墨提斯的女儿。墨提斯怀孕时，曾有预言说她将会生下一个比宙斯更聪明的孩子。宙斯听后惧怕不已，便一口将墨提斯吞入腹中以绝后患。但是没有多久宙斯就头疼欲裂，只得让匠神兼火神赫淮斯托斯用金斧将自己的头颅劈开。就在宙斯的头颅被劈开的一瞬间，雅典娜手持长枪，身披战甲从中跳出。她同时继承了宙斯的勇武与墨提斯的智慧，是战争和智慧女神。

神使赫尔墨斯同时也是商业的保护神。他化装成凡人来到人间。在一家卖雕像的商店，他先挑选了一个宙斯像和一个赫拉像，然后便问那个卖雕像者赫尔墨斯的像值多少钱。他本以为自己是商业的庇护者，雕像应该卖得更贵一些，但没有想到卖雕像者回答说：“如果你买了那两尊雕像，这一个算添头，白送。”从此之后，赫尔墨斯在文学作品中就成了一个自以为是却不被人重视的人物形象。

除了以上这些重要的神，还有一些著名的神。例如，青春女神赫柏、酒神狄奥尼索斯、9位缪斯女神、命运女神、复仇女神，等等。在此之下，还有数不清的山泽小神、精灵仙女。

古希腊十二主神简表

姓名	相关情况	姓名	相关情况
 宙斯	神王，霹雳闪电既是他的武器也是他的化身，他推翻了自己的父亲成为新的主宰。他相貌堂堂，神态威严，却性好渔色，不时勾引女神或人间美女，经常令妻子醋意大发。	 阿波罗	太阳神，宙斯之子。他主掌光明、文学、诗歌、音乐、医药等，是希腊神话中最俊美、最多才多艺的神，他弹奏的七弦琴犹如天籁之音。
 赫拉	神后，宙斯的姐姐，也是最高女神，掌管婚姻和生育。她生性善妒，对风流成性的宙斯无可奈何，只好采取各种方法迫害宙斯的情人及其私生子。她的标志是石榴和孔雀。	 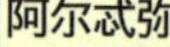 阿尔忒弥斯	月神和狩猎女神，宙斯之女。她是阿波罗的孪生妹妹，喜欢在森林里打猎。阿尔忒弥斯是一位纯洁高尚的女神，所以也被称为处女的保护神。
 波塞冬	海洋的统治者，宙斯的哥哥。他手持巨大的三叉戟，统领海中所有生物，能呼风唤雨，有时他被描绘成半人半鱼的模样。	 阿佛洛狄忒	爱神，她是爱与美的女神，具有无与伦比的美貌，连宙斯也对她垂涎三尺。她有一条神奇的腰带，能够带来无穷的魅力。当天后赫拉因为过度嫉妒而失宠时，曾经借过这条腰带，挽回了丈夫宙斯的心。
 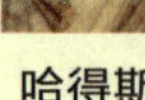 哈得斯	冥界之神，宙斯的哥哥。他是地狱和亡灵的统治者，负责审判亡灵。他的冥后是春之女神珀尔塞福涅。	 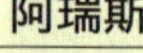 阿瑞斯	战神，宙斯之子。他是好斗、屠杀、血腥和灾祸的象征。他爱上了爱神阿佛洛狄忒。爱神的丈夫赫淮斯托斯得知后，打造了一张精细得看不见的巨网，将他们捉奸在床，并邀请众神前来观看。
 得墨忒尔	农神，宙斯的姐姐，负责大地的丰产。珀尔塞福涅是她与宙斯生的女儿，后被冥王哈得斯劫走。	 赫淮斯托斯	火神兼匠神，宙斯和赫拉之子。他出生时由于过于丑陋而被赫拉扔下奥林匹斯山，以致造成腿瘸，后设计获得了天后的承认。他是众神中最为丑陋的，却娶了最美丽的阿佛洛狄忒。
 雅典娜	智慧与正义战争女神，是宙斯和智慧女神墨提斯之女。她是雅典的守护神，其标志是猫头鹰和橄榄树。	赫尔墨斯	神使，宙斯之子。他脚生双翼，速度如飞，也是宙斯和众神的使者，是旅人、商人的保护神。他小时候曾经偷过太阳神阿波罗的牛，因此小偷也供奉他。他经常变幻为凡人，下界帮助信奉他的人。

VISIBLE HISTORY OF THE WORLD

关键词：运动 / 比赛 / 休战

神的荣耀：古代奥林匹克运动会

▪ 公元前 776 年 ~394 年

神灵崇拜是古希腊人生活的重心，奥林匹克运动会便是从祭祀仪式演变而来的。为了将荣耀献给神和城邦，运动员在赛场上顽强拼搏，不惜流汗流血。在运动会举行期间，古希腊所有城邦都要进行神圣休战，人们从四面八方涌来，欢庆四年一度的盛会。

崇尚力与美的古希腊人

对于古希腊人而言，运动是生命的一部分。人们喜欢在阳光下运动，经太阳晒成的古铜色皮肤是美的象征，白皙的肤色则被人认为是不健康的表现。古希腊人崇尚肉体和灵魂的完美结合，强壮的肌体，具有思想的灵魂，二者结合起来才是一个完美的人。因此，古希腊的许多哲学家同时也是出色的运动员。例如，毕达哥拉斯是著名的拳

< 古代奥林匹克运动会上，正在热烈竞赛中的古希腊人。

击手，苏格拉底、柏拉图也是当时有名的运动健将。

古希腊人对运动的热爱完全可以从铭刻在埃拉乌斯山巅峭壁上的格言中反映出来，刻石人是如此激情澎湃地写道："如果你想强壮，跑步吧！如果你想健美，跑步吧！如果你想睿智，跑步吧！"

几乎每个希腊城邦都设有健身场，而且在各地都有区域性的运动会。古希腊的历史上有四大运动会，分别是八年一度的祭奉阿波罗的皮提亚运动会（后改为每四年举办一次），四年一次的奥林匹克运动会，每两年一次的祭奉波塞冬的科林斯地峡运动会和祭奉宙斯的涅墨亚运动会。这些运动会在时间上相互错开举行，所以几乎每年都有大型的运动会。其中奥林匹克运动会的规模和名气远远胜于其他三者。只要在奥林匹克运动会上取得胜利，运动员的名声很快就会响彻整个地中海地区。

奥林匹克运动会的来龙去脉

在伯罗奔尼撒半岛的奥林匹亚，有一座规模宏大的宙斯神庙。里面供奉的宙斯神像高大雄伟，全身用黄金、象牙等镶嵌，是世界七大奇迹之一。伴随着对众神之王的崇拜祭祀，奥林匹克运动会也在那里举行。

关于奥运会的由来有多个传说故事，相传，"大力神"赫拉克勒斯是奥运会的创始人。赫拉克勒斯身世不凡，相传是宙斯与人间公主阿尔克墨涅的儿子，是半人半神的英雄。赫拉克勒斯刚出生时，雅典娜曾设计让他吮吸了天后赫拉的乳汁，从而变得力大无穷。赫拉却一点也不喜欢这个孩子，曾派巨蛇去毒死他，没想到巨蛇反而被他轻而易举扼死了。长大后，赫拉克勒斯立下了12件赫赫有名的大功绩，其中一件是清扫奥革阿斯国王的牛棚。牛棚里有3000头牛，从来没有清扫过，牛粪堆积如山。赫拉克勒斯向奥革阿斯国王提出，如果他能够在一天之内清理完毕，他要求得到1/10的牛作为报酬。奥革阿斯国王爽快地同意了，因为他认为在一天内完成这项艰巨的任务是不可能的。借助宙斯的神力，赫拉克勒斯引来两条河

< 宙斯是古希腊众神之王，为表示对他的崇拜而兴建的宙斯神像是当时世上最大的室内雕像。

的河水洗刷了牛棚，不到一天时间便轻而易举地完成了任务。他要求奥革阿斯国王履行承诺时，国王却反悔了，赫拉克勒斯一怒之下将他驱逐，自己登上王位。为了表达对宙斯的感谢和敬爱，他举办了首届奥林匹克运动会。

这个传说表明奥林匹克运动会的举办最初是为了祭祀神灵，具有神圣的宗教意义，后来才逐渐演变成凡人的竞技活动，成为一项运动盛典。

盛夏庆典

最早的奥林匹克运动会起源于古希腊，因举

∧ 从这幅跳高比赛的画面中可以看出古代奥林匹克运动会中运动员是裸体出场的。

办地点在伊利斯邦内的奥林匹亚而得名。从公元前 776 年起，奥运会每四年举行一次的时间规律才固定下来。所以这一年被认为是奥运会的开始，同时在《荷马史诗》的纪实性未被肯定之前，公元前 776 年也被认为是古希腊历史的开端。

当时的运动员大多由战士构成，最具有战斗力的勇士离开了军队，难免会有些人想乘虚而入。于是诸邦共同签订了契约，比赛期间不能开战，即使正打得热火朝天也要暂停为奥运会让路，这就是“神圣休战”。奥运会四年举行一次，时间具有规律性，所以也成为希腊人历史纪年和确定历史大事年表的一个依据。从公元前776年至394年罗马皇帝狄奥多西一世宣布废除奥运会为止，奥运会一共举行了293届，其间几乎从未间断过。

奥运会在7月份举行，正值盛夏，参加奥运会无论对运动员还是观众而言都不是轻松事。伯罗奔尼撒半岛的道路崎岖难走，夏日天气炎热，在大太阳底下赶路是一件苦差事，必须时刻冒着中暑的危险。到达了举办地之后并不意味着艰苦的结束，困难还在后头。当时的运动会场所十分简陋，到处尘土飞扬，运动员裸体参赛，头顶炎炎烈日，还要忍受飞尘，如果不具备充足的体力，恐怕还没有比赛就倒下了。在一边观看的观众也不是那么舒服，他们的头顶同样没有凉棚，有时还遭受到来自比赛的威胁，特别是赛马、战车比赛，因为当时并没有坚实的护栏把观众席和比赛区分开。

奥运会的举办场所是一块长方形的空地，附近有小树林。除了宙斯和赫拉的神庙，还有一些场馆设备供运动员使用，此外还有专门为官员和贵族修建的下榻旅馆。前来观赛的平民是没有地方可住的，看完一天的比赛后，只能在附近的树林里扎营，所以奥运会结束后，运动场及附近往往一片脏乱景象。

比赛的项目

最初的奥运会只有1天，后来从公元前472年第77届奥运会开始，因为比赛项目的增多延长到5天。参与的城邦也从希腊半岛拓展到爱琴海诸邦，甚至远在海外殖民地的希腊人也赶回来参加。第一天举行宗教活动，向众神之王宙斯献祭，之后才正式展开体育比赛。最初运动会的比赛项目很少，只有单程赛跑，后来逐渐增加了摔跤、拳击、掷铁饼（实际是石饼）、五项全能、赛马、战车赛等。

赛跑是最古老的项目，有三种规格，分别是沿着跑道跑 1 圈、2 圈和 20 圈，跑道周长 192.28 米。赛马比赛所使用的马是没有装备马鞍的，骑手在起跑时需要跟着马小跑一段路才一跃而上，因此事故频发。战车赛分为两种，两匹马拉的和四匹马拉的赛车，赛道虽然宽敞，但是几十辆马车同时参加比赛，显得十分拥挤，危险性大概不亚于今天的方程式赛车。拳击和今天的规则差不多，除了不能咬人和袭击眼睛之外，任何手法都可以采用。拳击手戴着带有金属钉的皮手套，相互进行猛烈的攻击，所以拳击手死在赛场上的现象并不罕见。

在所有的比赛项目中，五项全能最引人注目。五项全能运动以掷铁饼开始，接下来是跳远（被古希腊人誉为“最优美的运动”，运动员一般采取站立式起跑，在悠扬的长笛乐曲中完成这个动作），然后是标枪比赛、赛跑和摔跤比赛。五项全能的动作要求很好地表现了运动员健壮优美的身躯，比赛时还伴有乐器的演奏，可以说是极为赏心悦目的。

运动会的最后一天，大会集中给胜利者颁奖。奖品很简单，只是一个用野橄榄枝编织成的花环，因为这些野橄榄生长在宙斯神庙附近，因此被认为是具有神性的。奖品虽然简朴，但是因为运动员为各自的城邦赢得了荣誉，所以城邦会给他们很丰厚的物质奖励，跟我们今天奥运会组委会仅发一块奖牌，各国则根据名次给予奖金的情况差不多。古希腊人将在奥运会上获得胜利视为无上的荣誉，人们慷慨地赋予获胜者种种特权，他们被免除一切赋税，并终身由城邦供养。如果获得三次冠军，他们的雕像还会被竖立在奥林匹克的会场上以作永久纪念。

男人的专利

奥运会由于其本身所具有的宗教意识，对运动员的身份要求很严格。他们必须是希腊人，还要是自由民，不能是奴隶，当然还只能是男人。女人被严格地排斥在奥运会之外。运动会上只能出现一位女性，那就是主持开幕式的女祭司。除此之外，任何女人不但不能参赛，也不能观看比赛，违者处死。公元前396年的奥运会上，一位妇女装扮成教练偷偷潜入会场观看比赛。当她的儿子在比赛中取胜时，她情不自禁地欢呼起来，因而暴露了身份。她被宣判死刑，幸运的是，她的家庭有雄厚的背景，才免遭厄运。从此以后，教练员必须赤身裸体进入会场。

为了反抗这种性别歧视，到了后来，妇女自己举办了纪念天后赫拉的运动会，也是每四年举行一次，任何年龄的女子都可以按级别参赛。

奥运会原本只是体育竞技的场所，从公元前444年第84届奥运会开始，出现了文艺比赛。来自各地的诗人、歌手、作家在此竞相朗诵自己的作品，成为全希腊瞩目关注的文艺盛会。

亚历山大大帝将古希腊揽于怀中后，奥运会仍然定期进行。在这个时候出现了专业运动员，掺入了大量金钱因素，时有贿赂裁判员或者对手之事发生。本为展现人体美、争夺荣誉的奥运会也失去了原先神圣和纯朴的本质。

古代奥运会停办了1000多年后，在法国人顾拜旦的发起下，1896年雅典举行了第一届现代奥林匹克运动会。此后奥林匹克运动会一直延续到现代，成为举世瞩目的体育盛会。无论奥运会在哪个国家举行，首先都要在希腊奥林匹亚取得圣火，之后点燃熊熊圣火的火炬会从一个国家传递到另一个国家，环绕全球而行，告诉人们：“运动会开始了，大家停战吧！”

历史断面

马拉松长跑的起源

马拉松大战获胜后，雅典一位名叫斐地庇第斯的士兵跑回雅典报捷。他从马拉松平原跑到雅典中央广场，全程40多千米，途中从未停顿。到达目的地后，筋疲力尽的他对着急切盼望前线消息的人群激动地喊了一声“欢呼吧，我们胜利了”，就倒地死去了。为了纪念斐地庇第斯，1896年在雅典举行的第一届现代奥林匹克运动会上，创立了一项新的竞赛项目——马拉松赛跑。这便是马拉松长跑的由来。

VISIBLE HISTORY OF THE WORLD

关键词：《荷马史诗》

游吟的盲诗人荷马

■ 公元前 9 世纪 ~ 公元前 8 世纪

他双目失明，弹奏着七弦琴游走希腊各地，在河边，在井沿，在路旁，在树荫下，为人们唱起一个个遥远的传奇故事。他讲述的那个国度，有倾城倾国的美人，有神般勇猛的英雄人物，也有秘密的黄金宝藏……他虽目不能视，却比其他人更能看清楚历史的过去，他——荷马及其史诗是西方文学史上一座永远的丰碑。

《荷马史诗》

荷马是古希腊一位伟大的诗人，生卒年不详，从史诗描写的社会背景推测，他生活于公元前9世纪至公元前8世纪之间。

特洛伊战争结束后，一些民间歌手将希腊人在战争中的英雄事迹编成短歌，在公众场合吟唱，受到了广泛的欢迎。历经几个世纪的传唱之后，盲诗人荷马将这些流传于各地的短歌荟萃起来，加以增删，形成了《伊利亚特》与《奥德赛》两部史诗杰作。《伊利亚特》共有诗句15693行，《奥德赛》有12110行诗句，两部皆是24卷，合称为《荷马史诗》。

最初，《荷马史诗》只是通过口头形式吟唱，没有形成书面文本，直到公元前6世纪，才在雅典用文字摘抄记录下来。我们现在所看到的定型作品，是出自公元前3世纪至公元前2世纪希腊化时代亚历山大城的学者之手。

《荷马史诗》叙述了公元前12世纪希腊联军攻打特洛伊以及战后希腊人返回家园的故事。特洛伊战争进行了10年，《伊利亚特》只截取了第10年中的51天之内发生的事件，主要讲述了阿喀琉斯之怒。从阿喀琉斯与阿伽门农失和因而愤不出战，阿喀琉斯的好友帕特克劳斯战死，阿喀琉斯为友报仇杀死特洛伊王子赫克托尔，到特洛伊国王普里阿摩斯乞求赎回儿子的尸体，并举行盛大的葬礼为止。这段故事在“特洛伊战争”一节中已有详细介绍，故此省略。

^ 这件黑绘式陶瓶，描绘的是英雄奥德修斯逃出特洛伊的情景。

海上历险

希腊联军攻陷特洛伊，彻底地将特洛伊城洗劫一空后，准备回国。在回航时，众将领对所走的航线产生了分歧，结果是各走各路。在归程中，大多数人经历了千辛万苦才回到家乡。《奥德赛》讲述的是奥德修斯在海上历经磨难，最终回国与妻儿团圆的传奇故事。奥德修斯是希腊联军中聪明绝顶的一员将领，他为希腊联军献上木马计，成功血洗了特洛伊城。之后，归心似箭的他顾念家中的妻儿，立即率领自己的部队回国。但是在回途中，他们触

^ 奥德修斯让人把自己绑在桅杆上，以免自己被海妖优美动听的歌声引诱。

犯了神灵，船队被海风掀翻，很多人葬身大海，死里逃生的奥德修斯带着剩下的少数人在大海中漂泊。

一开始，风浪推着船只到达

了敌视希腊人的喀孔涅斯人居住的海岸，一些希腊士兵被杀死，奥德修斯率其余人仓皇逃走，却无意中闯入了梦之乡。这个国度生长着一种奇幻树，吃了树上结的果实后就会心醉神迷，忘记往事和家乡，混混沌沌地过一辈子。有一些同伴吃了，便永远留在了岛上。奥德修斯使用强制办法才使其他人离开这个地方继续航行。

在茫茫大海中，他们迷失了方向，被独眼巨人抓到山洞里。巨人把他们当成肥羊一样圈养，外出时用巨石堵住洞口，防止他们逃走。巨人肚子饿了，便大手一张抓起一个人烧烤食用，吃完后挡在洞口呼呼大睡。眼看着同伴一个个被残忍地吃掉，自己的性命也危在旦夕，奥德修斯焦虑万分。有一天，他设计灌醉了巨人，并用削尖的木棒将他的眼睛戳瞎，趁巨人发狂之际，率领众人悄悄地逃离了巨人的魔掌。

在海上漂流一段时间后，他们来到了风神的岛屿。风神同情这些远离家乡的人，便给了奥德修斯一个“风袋”，风袋可以吹出顺风，帮助他们回到家乡。晚上，当奥德修斯睡着时，同伴以为风袋里面装的是金银珠宝，于是偷偷打开了。风袋一开，狂风骤起，将他们吹离了航线，刮向不明的远方。在那里，他们碰上了食人族，损失了一半人，奥德修斯连夜带着剩下的人逃走。然而祸不单行，他们逃到了女巫喀耳刻的岛上。这位狠毒的女巫把奥德修斯一行人变成了猪，幸亏有神灵的帮助，他们才恢复了人形。

此后，奥德修斯来到世界的尽头，在喀耳刻的帮助下进入了冥界，与去世的母亲及朋友的灵魂对话。得知妻儿的艰难处境后，他心急如焚，驾驶船只赶往家乡。在途中，他们路经海上女妖塞壬的小岛，这些长着翅膀的女妖拥有比黄莺还要婉转的歌喉，她们的歌声美妙动人，引诱着路过的水手精神恍惚，落水投入她们的怀抱而死。奥德修斯对此早有所闻，他希望能听一听塞壬充满媚惑的歌喉，但又不想丧命，于是他用蜡把水手们的耳朵塞住，并吩咐他们将他牢牢地绑在桅杆上。船只缓缓驶过，塞壬动人的歌声飘来，奥德修斯心醉神迷，幸好被绳子紧紧绑住，四肢不得动弹，他才抵抗住了这致命的诱惑。

磨难还没有结束，经过塞壬的岛后，他们到达了特里那喀亚岛，这个岛是太阳神放牧神牛之地。奥德修斯的同伴们饥饿难忍，不顾预言者的警告，宰杀了神牛。宙斯震怒，降下霹雳将船只劈碎，其他人都死了，只有奥德修斯抱住了一块舢板才幸免于难。他在海上漂荡了九天九夜，最后被海浪抛上了一个陌生的岛屿。岛上美丽的仙女卡吕普索收留了他。仙女对他产生了爱慕，于是表示只要奥德修斯留下来陪她，就可以让他长生不老，永葆青春。可是奥德修斯不愿长生不老，只希望回到家乡。他每天站在海边，遥望着故乡的方向，日日思念自己的亲人。在众神的干预下，仙女终于答应放他离开。

奥德修斯砍来松树制造了木筏子，乘着小木筏驶向辽阔的大海。他在茫茫的蓝天和大海之间漂泊了17天，直到第18天才看见了陆地——斯刻里亚岛。但是还没有等他上岸，木筏便被风暴击碎了，他与巨浪搏斗着游上了岸。斯刻里亚岛的公主收留了这位穿着破烂的外乡人。国王听了他这般离奇曲折的冒险故事后大为敬佩，赠予他一艘船，送他回国。像唐僧取经一样经历了种种考验后，奥德修斯终于回到了家乡伊塔卡。

智惩恶霸

特洛伊战争10年，海上漂泊10年，20年过去了，奥德修斯熟悉的家乡发生了巨变。他离家时还在襁褓之中的儿子特勒马克斯已经长大成人。为了找到失踪多年的父亲，特勒马克斯远离家乡四处寻觅。这20年来，奥德修斯的妻子佩涅洛珀一直在家忠贞不渝地等待他的归来。在这些年里，除了他的妻儿之外，所有人都认为他已经死去了。为了得到这个国家和他美丽的妻子，许多贵族前来求婚，对佩涅洛珀纠缠不清。佩涅洛珀为了摆脱求婚者的纠缠，使出了种种办法也不奏效。最后，她无奈地提出了一个条件，说她的丈夫奥德修斯留下了一张弓和箭，谁能拉开这张弓，她就嫁给谁。所有求婚者都尝试了，个个都使出了吃奶的力气，却无一人能成功将弓拉开。但是这些人仍然不死心，他们赖在王宫里大吃大喝，不肯离开。佩涅洛珀无可奈何，每天以泪洗面，期盼着丈夫早日归来。

奥德修斯回到家乡与儿子相认，他从特勒马克斯那里听到这个消息后怒火中烧。可是他不动声色，没有立即回家，而是扮作乞丐混入王宫。众人嘲笑捉弄他，他一语不发，一举拉开了那张大弓，

历史断面

毕达哥拉斯

毕达哥拉斯（约前580—前500），是古希腊著名的哲学家、数学家和神秘主义者。他在克罗顿建立了一个秘密团体，在信徒之中规定了很多古怪的禁忌。例如，不能吃豆子、不能对着太阳小便，等等。毕达哥拉斯相信灵魂轮回转世，认为“数”是世界的根本，一生二，二生数，数生点，点连成线，线形成面，面产生物体。另外，他还发现了毕达哥拉斯定理（勾股定理）。

求婚者们大惊失色。此时，奥德修斯现出了他的真面目，将这些无赖们一一射死。奥德修斯一家终得团圆。

荷马之谜

《荷马史诗》虽然讲述的是公元前12世纪的故事，但是其背景反映了公元前8世纪的社会情况，其中军事民主制的政治制度、战甲战船的样式以及铁器等都是在荷马生活的时代才出现的。史诗不仅讲述了英雄的传说，还真实地记载了当时的文化、政治、社会生活等各方面情况，具有很高的史料价值。

荷马是历史上争议最大的一位诗人，人们对他的生平几乎一无所知。有人说他是爱奥尼亚人（古希腊民族的一支），游历过希腊的所有地区，最后逝世于爱琴海沿岸的一个小岛上，但是这一切都是猜测，没有确凿的证据。因此，有些人怀疑历史上根本没有荷马这个人，他只是众多诗人的代称而已。他们进一步考证两部史诗的写作年代前后相隔数百年，不可能是一个人的作品。也有人疑虑荷马眼盲的真实性，因为史诗中恢宏的场面和观察细微的描写不是一个盲人可以想象的，维柯对这些疑问提出了“荷马问题”。现在学术界一般认为“荷马”这个人是真实存在的，他是个天才诗人。他或许叫“荷马”也可能是其他名字，是他将散落于各地的传说、歌谣整理出来，加以个人创造，形成了规模宏大的《荷马史诗》。

荷马的性别本来是毋庸置疑的，但是近年来也有学者对此提出了疑

问。一位英国历史学家指出，荷马很有可能是一名女子。他认为，在荷马生活的时代，女子在诗坛上占据主导地位。而且从史诗的写作手法来看，虽然主人公多是战争中的男性英雄，但是作者却能从不同的角度叙述，并描写了女性人物的感受，感情的流露十分细腻，这正是女性作者的典型写法。因此，荷马可能是一名颇具才华的女诗人。

^ 据传说和推测，伟大的盲诗人荷马不但写出了流传千古的史诗，而且在当时，他还能一边弹奏竖琴，一边吟唱史诗。

VISIBLE HISTORY OF THE WORLD

关键词：诗歌 / 抒情诗人

第十位缪斯女神

■ 约公元前 612 年 ~ 公元前 560 年

美女、孩子的母亲、厌恶丈夫的妻子、女同性恋者、男诗人的梦中情人、以身殉情的女诗人、女权主义的先驱，种种协调或矛盾的身份集于一身，这就是女诗人萨福——“第十位缪斯女神”。

翻开西方历史，只要提到女性，第一位浮现在脑海里的必然是萨福。那位生活在距今两千多年前的女性，一直是诗人、画家歌颂的女神，也是卫道主义者诅咒的对象。英国诗人拜伦在他的长诗《唐璜》中，曾咏叹希腊的辉煌，一开篇就提到“如火焰一般炽热的萨福”。不管人们对她的评价如何，她的个人生活和诗歌都是女性史上不得不提的一笔。

情感比火焰炽热

萨福（约前612—前560）是古希腊的著名女诗人，生于罗得斯岛上的贵族家庭。她的父亲喜好诗歌，在父亲的熏陶下，萨福也迷上了吟诗写作。当时的希腊女性没有婚姻自主权，尤其是贵族妇女。现在无从考证萨福是否愿意，只知道她成年后嫁给了一位贵族，还生了一个女儿，但是没有过多久，她选择了离开丈夫和家庭。她先是在西西里岛住了一段时间，又返回故乡，并在那里度过了余生。

从她的选择可以看出，萨福的婚姻生活是不幸的，身为才女的她无法忍受婚姻中没有交流、没有灵魂的结合，这也许是多数才女的悲哀。

在罗得斯岛，萨福建立了一所女子学校，专门教导女孩子们写作诗歌。当时有不少少女慕名而来，拜在她的门下。萨福以护花者的爱恋之心精心培育她们，同时也像母亲一样呵护她们成长，为这些花一般清新美丽的少女写下了很多动人的情诗和婚歌。

古希腊人对同性之间的爱情抱有很大的宽容之心，所以这些带有强烈同性恋情感的诗歌不但没有遭禁，反而广为传颂。萨福的诗打动了许多人，罗得斯岛上的居民也因出了如此才华横溢的诗人而感到自豪。为了表示他们的爱戴和骄傲，在萨福还活着的时候，他们就在银币上铸上了她的头像。

充满爱与柔情的诗篇

萨福的诗具有划时代的意义。当时的诗歌是由竖琴伴奏吟唱的，因此非常注意格律。萨福在体裁上做了改革，使其更加朝向抒情的方向发展，这也就是她被认为是“抒情诗人”的原因。此外，她还是第一个以第一人称描绘个人的爱恋情感的诗人，这与当时盛行的英雄史诗截然不同。

萨福的爱情诗，情感真挚而热情澎湃，语言清新自然，韵律独特优美，风格别具一格，因此被称为“萨福体”，对后世的诗人产生了深远影响。萨福的诗歌作品很多，曾经被后人编成九卷流传于世。但是在欧洲中世纪时她的诗歌被基督教教会认为有伤风化而下令焚毁，只有一些残章断简被保存下来。

萨福在她那个年代就已声名远播，她的诗歌在全古希腊都受到赞颂。有人说，男诗人只有荷马，女诗人只有萨福，对她做出了最高的评价。雅典的执政官梭伦本人是位出色的诗人，当他听到萨福的诗时，不由热泪盈眶，

发出了“只要我能学会一首，那么死也无憾”的感叹。哲学家柏拉图十分赞赏萨福的诗，称她为“第十位缪斯女神”（掌管文艺的缪斯女神共有九位）。

臆度还是真实

后世对萨福的生平事迹有许多猜测附会，有关她身世的一些故事不断在小说家的笔下出现，其实在很大程度上只是人们的想象而已。

有人说，萨福长得非常丑陋，没有男人爱她，她才转而爱上女子。也有人说，萨福是一个美艳女子，有一次因犯罪上了审判席，法官要判她死刑。萨福当庭脱下衣服，露出美丽的胴体，旁听席立即爆发出抗议声，不允许如此美丽的女人被处死。法官迫于压力，只好对她从轻处罚。

萨福的诗充满了对少女的热爱，所以有人说她是同性恋者，但据说她最后为一个男人而死。当时有很多男诗人追求她，她从未心动，然而到头来却爱上了渔人法翁。为了他，她情愿抛弃同性爱，但是她的爱没有得到回报，她爱的人不爱她。

< 诗人的灵感

画面正中的太阳神阿波罗一手扶七弦琴，一手指向诗人的笔记本，以点燃他的诗情。他的身后站着美丽优雅的缪斯女神。两个小天使手拿着桂冠，其中一个正把桂冠戴在诗人头上，那是艺术成就的象征。

追求完美爱情却不能得到所爱的萨福绝望之下在卢卡斯跳海自杀。因为当时卢卡斯人相信，海水可以洗涤爱情的烦恼，只要不死，泪水和苦难就会烟消云散，跳海的人就会获得新生。

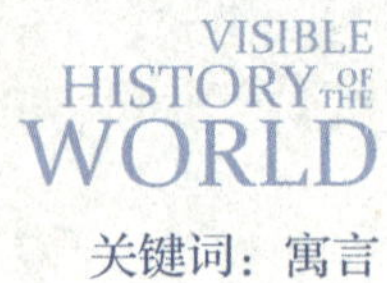

关键词：寓言

小故事与大智慧

▪ 公元前 6 世纪

一个出身低贱的奴隶，用他的智慧和宽容赢得人们的尊重。他讲述的故事短小精悍，字字珠玑，无一不深刻地阐发了人生的哲理。直到今天，他从生活中提炼的真理仍然发人深省。这就是伊索，一位质朴又伟大的智者。

悲惨的童年

伊索生活于公元前6世纪的希腊，据说他长相丑陋，身材矮小，而且还是个哑巴。亲戚邻居都鄙视嘲笑这个不会说话的孩子，只有他的母亲深爱着他。伊索的母亲很疼爱这个可怜的孩子，时常抱着他，给他讲故事。在母亲那里，伊索得到了良好的早期教育，母亲那一颗温柔的心，深深感染了伊索，使他以后也成了一个具有爱心、宽容的人。

但是没过多久，疼爱他的母亲去世了。失去了母亲，伊索原本艰难的生活更加困苦了，周围的许多人毫不留情地讥笑打骂他。在挨打之后，伊索经常跑到田野里，和鸟儿、昆虫对话，虽然他说不出一句完整的话。所有人都嫌弃他是个丑陋的哑巴，只有这些可爱的小精灵不会，与自然万物的接触稍微抚慰了伊索饱受痛苦的心灵。

后来，伊索实在忍受不下去了，就离开了家，到各地去流浪。他经历了人生种种，其中有悲痛也有喜悦。夜晚露宿时，在篝火旁，他从旅人那里听到了许多有关鸟类、昆虫和动物的故事，他默默地想，其实人和动物不是一样吗？一样有争斗，一样有弱肉强食，一样有温情。

“故事篓子”

相传，有一天夜晚，伊索梦到神灵向他微笑，然后把手指放进他的嘴里，放松了打结的舌头。第二天醒来，他发现自己竟然会说话了！而且说得相当流利，神灵迟迟才赐予他说话的能力，却赠予了他最美妙、最精确的语言。于是，伊索成了一个故事家，无论走到哪里，都用他的故事唤醒人们心中的爱和良知。

虽然后世的许多画家将伊索塑造成一个奋笔疾书的智者形象，但伊索可能并不识字。因为在他生活的时代，贫苦的下层人民和奴隶通常没有接受教育的权利。

伊索曾经见过贪婪又胆小的人，他们成事不足败事有余，还常常为自己找借口。于是，他讲了以下这个故事：一只狐狸看见葡萄架上挂着一串串晶莹剔透的葡萄，口水直流，想要摘下来吃，但又摘不到。它看了一会儿，只好无可奈何地走了，边走边安慰自己说：“这葡萄肯定是酸的。”

他也见过骄傲自满的人，取得了一点胜利便目空一切，他诚挚地用一个故事劝说：乌龟与兔

^ 伊索雕像

子都认为自己跑得比对方快，彼此争论不休，于是他们决定比一比。比赛一开始，兔子觉得自己是天生的飞毛腿，跑得快，先歇会儿再跑也不迟，没想到竟然躺在路旁睡着了。乌龟深知自己走得慢，毫不气馁，不停地朝前奔跑。结果，乌龟超过了睡熟的兔子，夺得了胜利。

伊索一边流浪，一边不停地讲故事，也从别人那里听来更多的故事，他所走过的地方的人们都称他为“故事篓子”。

生活的强者

在旅程中，伊索不幸被强盗所掳，被卖给了希腊萨摩斯岛上的一个贵族当奴隶。即使如此，他也毫不怨天尤人，而是平和地接受地位的改变。正是他这种随遇而安又坚忍不拔的心态，才让他没有被生活击垮，反而成为生活的强者。

在劳作的间歇，伊索仍不忘为同伴们讲故事，这已经成了他生活中的一个重要组成部分。他曾经靠他的机智救过朋友，还帮上了主人的大忙。主人感激这个其貌不扬却充满了智慧的奴隶，解除了他的奴隶身份。于是，伊索重获自由身。

伊索又开始了他的流浪生活。后来，他得罪了贵族，因为他讲述的故事中涉及神，所以贵族以此为借口诬陷他亵渎神灵。最后，伊索被控以“渎神罪”的罪名处死。

伊索虽然离开了人世，但是他那些生动有趣、饱含人生哲理的故事却逐渐流传开来，并深入人心。

如今家喻户晓的《伊索寓言》是后人根据拜占庭僧侣普拉努德斯收集的寓言以及陆续发现的古希腊寓言传抄编订的，原书名为《埃索波斯故事集成》。有一个说法认为其中的故事是一名埃塞俄比亚黑人奴隶所做，“伊索”即“埃塞俄”的谐音。

《伊索寓言》中的动物大多是社会上形形色色人物的反映，如贪婪愚笨的富人、勤劳勇敢的穷人等，其形式精练简洁，语言浅显生动，却蕴含着隽永深刻的道理。其中的名篇有《农夫与蛇》《狼与小羊》《乌鸦和狐狸》等，故事生动有趣，寓意深远，常常为后世的文学作品甚至历史政治著作所引用。

《伊索寓言》被誉为“西方寓言的始祖”，它的出现奠定了寓言作为一种文学体裁的基石。

历史断面

奥尔菲斯和欧律狄克

奥尔菲斯是太阳神阿波罗与凡间女子所生之子。他与美丽的妻子欧律狄克恩爱无比，在森林里过着幸福的日子。奥尔菲斯喜爱音乐，阿波罗把自己的竖琴送给了他，于是他常常在森林里弹琴演奏，美妙的琴声令森林中的仙女陶醉不已。有一天，欧律狄克不幸被一条毒蛇咬死了。奥尔菲斯追入地府，乞求冥王把妻子还给他。奥尔菲斯的琴声触动了冥王的怜悯之心，他答应让欧律狄克返回人间，但是有一个条件：在回去的路上，奥尔菲斯不能回头看妻子一眼。然而，奥尔菲斯不忍听闻妻子一声声的呼唤，回头顾望，结果违背了禁令，欧律狄克永远地消失了。奥尔菲斯伤心欲绝，再也没有心思弹琴，这引起了森林仙女的愤怒，仙女们把他撕成了碎片。不过奥尔菲斯终于可以和欧律狄克在冥界团聚了。

VISIBLE HISTORY OF THE WORLD

关键词：饮食 / 娱乐

现世的欢娱

■ 公元前 6 世纪

公元前330年，古希腊的美食家写出了世界上第一部有关烹饪的书。很多专家学者认为，古希腊是西方饮食文化之源。生活在几千年前的古希腊人，早就学会了比较复杂的烹饪手法，并时常举行盛大的宴会。不过，他们依然崇尚简朴的生活，认为这样才能充分进行思考，思想才能不被肉体所拘泥，达到精神的自由和崇高。

每天两顿饭的生活

希腊属于地中海气候，温和湿润，阳光充足，雨量充沛，适宜种植豆、麦、葡萄、橄榄和无花果等作物。人们的日常饮食与当地作物密切相关，古希腊人的主食是面包和麦片粥。

由于土地狭小而贫瘠，出产的粮食并不多，古希腊人还会吃一些豆类、坚果和鱼来补充。除了饲养的猪和偶尔捕获的鹿、野兔等野生动物之外，他们很少吃其他肉类。他们用芝麻、蜂蜜等做调料，当时糖还没有出现。古希腊漫山遍野都是植物类调料，古希腊人常常从野外摘回家用于调味。

古希腊人还养羊，但主要目的不是吃肉，而是挤羊奶做奶酪。古希腊生产的蔬菜品种并不多，主要有甘蓝、蚕豆、豌豆等，这些也经常摆到古希腊人的餐桌上。用现代人的眼光看，这都是地道的有机食品。

在古希腊人的生活中，橄榄是相当重要的一部分，它可以作为药物，还可以提炼成化妆品，榨出的油可食用也可作为照明之用。古希腊人的饮食少不了橄榄油，烹调都会放一点。橄榄油脂肪含量低，是养生佳品。

^ 酒会是古希腊人常见的聚会方式，人们在酒会上举行各种各样的娱乐活动。图中一位客人正躺在床榻上听一位年轻人吹奏乐曲。

古希腊人通常每天只吃两顿饭，不吃早饭，只吃正餐。第一顿饭在临近中午时吃，比较清淡；第二顿饭则在快到黄昏时吃，比较丰盛。在贵族家庭，第二顿饭经常演变成盛大的宴会。

古希腊人的饮食相当简朴，一顿丰盛的大餐通常只包括一个热汤或葡萄酒，一道莴苣色拉，一道热的肉菜或是海产品，加上一小篮面包。一个人平常的饮食甚至只要“一个鱼头、一棵玉葱、几颗橄榄”就够了。他们的饮食是如此单调，甚至还有人打趣道，古希腊人的饮食是两道菜，第一道是麦片粥，第二道还是麦片粥。他们很少喝水，认为水有害健康，只有在没有什么可喝时才会用水解渴。

古希腊人旅行或打仗时，也需要自带食物，麦片粥总是必不可少的。有时还要加入咸鱼、野果和蔬菜煮成稀粥，再配上烤肉。肉类往往是贵族们的食物，平民则很少有机会吃肉。古希腊史诗《伊利亚特》描述道，当俄底修斯一行人到达英雄阿喀琉斯的营帐时，吃到的食物是羊肉和猪肉。

^ 意大利早期文艺复兴代表人物波提切利的作品《春》，描绘了古希腊神话中的诸女神形象，洋溢着强烈的人文关怀。

准备食物时，男女也有分工。男性主要负责准备肉食，女性则负责磨面粉、烤面包。采购食品往往是主人的工作。主人带着奴隶去市场挑选干酪、调料等物品，然后让奴隶送回家中，自己则留在市场里和朋友聊天。女主人安排处理好原料，就开始指挥奴隶准备饭菜。

对于古希腊人来说，食物是神赐予的，为此精美的食物常被用作祭品。主人会将食物赏给奴隶，并把这看作极大的恩赐。国家机关也会把食物作为工作人员的津贴发放，甚至给军人发饷时，也会用食物代替。

醉人的葡萄美酒

古希腊时代已经出现了啤酒，但当时人们认为这是下等人才喝的。古希腊人日常生活中最常饮用的是葡萄酒。最早关于葡萄酒的记载出现于《荷马史诗》中，当攻陷特洛伊城的英雄奥德修斯回国时，一群人误入了独眼巨人的洞内。面临着死亡的威胁，奥德修斯发动手下采集野葡萄酿成酒，将独眼巨人灌醉，终于得以逃脱。

按理说，葡萄酒的酒精含量比较低，为什么独眼巨人很快就喝醉了呢？这可能与当时古希腊人的饮酒习惯有关，一般人喝的葡萄酒是用清水兑过的淡酒，直接饮用被认为是粗俗的，因为喝醉后会出现丑态。以古希腊人的眼光来看，完全没有兑过清水的葡萄酒自然会灌醉独眼巨人。

古希腊人将葡萄酒视为人类智慧的源泉，在陶器的绘画上、壁画中随处可见葡萄、葡萄园和盛满葡萄酒的酒具。葡萄酒是如此盛行，以至于连古希腊的文化生活也与之相关，传说葡萄酒是酒神狄奥尼索斯最先酿造的，每年为了祈祷和庆祝葡萄的丰收，人们都会举行大规模的祭祀活动，悲剧正是在祭祀仪式中产生的。随着葡萄酒进入商业领域，古希腊规范酿酒业，成为世界上第一个将葡萄酒的生产与经营纳入法律条文的国家。

^ 古希腊人因为临海，喜欢食用各种鱼类，这从现存的壁画中也能体现出来。

古希腊人一般用陶土做成的酒缸来酿酒，到了古罗马时期才出现了木桶。工匠们把葡萄洗净，装到大缸里，用木棒捣碎，榨出葡萄汁。然后将葡萄汁过滤出来，倒入酒缸，用黏土或石膏密封，再挂上写着年份与统治者名字的卡片，埋入地下等着发酵。酿好的葡萄酒不能直接饮用，要在调酒器里混合一定比例的水，稀释后才能倒入客人的陶杯。有的客人还会要求加入蜂蜜和橄榄油。

最初，古希腊的葡萄酒是献给神的祭品，即便提供给人，也仅供贵族饮用，平民是喝不到的。随着古希腊文化进入晚期，平民也拥有了饮用葡萄酒的权利。古希腊人将酒从狂喝滥饮发展成为精神的象征，对世界酒文化做出了极大贡献。

盛大的宴会

古希腊人的饮食观与现代人截然不同，他们认为食物只是用来填饱肚子的，如果沉迷于美食，就会变得头脑迟钝愚笨，忘记如何思考。在这种观念的影响下，古希腊人的宴会也不像我们想象中的饕餮大餐，他们经常举行宴会，但主要是为了聊天，而不是放开肚皮毫无节制地大吃大喝。

古希腊的宴会是男人的专利，女人禁止参与，当然也有例外，高级妓女可以作为男人的女伴参加。客人们在赴宴之前要先沐浴，并在身上涂抹油脂表示对主人的尊重。

晚宴中，男人们一般斜躺在榻上，奴隶在一旁服侍，他们把食物从桌子上拿起来，客人们用手或者以小块面包裹住食物往嘴里送——当时还没有出现叉子。如果手指弄脏了，就用面包擦干净。宴会上的食物比平常丰富，有加了调料的烤肉和调了蜂蜜的蔬菜。有时还会有海产品，比如金枪鱼片、鳗鱼片、油炸虾等，最后一道点心常常是用蜂蜜和坚果做的蛋糕。

古朴而富有艺术感的古希腊陶器

用过正餐后，男人们开始高谈阔论，他们一边喝着葡萄酒，一边谈论各种话题，内容包括政治、哲学，等等。严肃的讨论告一个段落后，主人和客人们开始聊些轻松的话题，玩一玩猜谜游戏，欣赏奴隶或者职业表演者的歌舞、杂技，不请自来的食客也趁机说些笑话让他们开心，很可能还有些荤段子。

夜深之后，客人们逐渐散去。不管宴会多么愉快，他们还是要尽力克制自己，喝得烂醉如泥将成为别人的笑柄。

娱乐活动

古希腊人还有很多娱乐活动，在公共场所演讲和听演讲是他们最经常进行的活动，无论他们乐意不乐意。他们还可以去剧场看戏，为自己喜欢的演员捧场，或者开展一些非正式的体育活动，玩一种类似象棋的棋类游戏，等等。他们偶尔还掷骰子进行赌博游戏，或者观看斗狗斗猫。

与后来罗马人疯狂地执迷于角斗这类血腥的娱乐不一样，古希腊人最“残忍”的娱乐是观看斗鸡比赛，此类比赛深受人们欢迎。只有雄鸡才能参加比赛，雄鸡被认为是男子气概的象征。人们常常在市场的空地上举行斗鸡比赛，还没有开始，周围便围了一大群人，各种年龄、阶层的男人都有。

主人骄傲地将雄鸡拿出来，展示给观众看，高耸的鸡冠和澄亮有神的眼睛，引来围观者的啧啧赞叹。观众的赞扬声越大，主人越得意。据推测，在比赛前可能有一些仪式，道过“开场白”后，裁判便宣布比赛正式开始了。主人们各自将自己的宝贝放到场地上。两只公鸡抖抖翅膀，凶狠地瞪着对手，不一会儿，便缠斗到一起。观众们伸长脖子，聚精会神地观看比赛，不时发出叫好声或叹息声。雄鸡的主人们涨红了脸，视线紧随着雄鸡游走，失利时跺脚，占上风时喝彩，在这一刻，雄鸡实际上已然成为主人的化身。

除此上述娱乐活动之外，在节日期间，古希腊人还会以团体的形式举行宴会，大家聚在一起开怀畅饮，其乐融融。

VISIBLE HISTORY OF THE WORLD

关键词：祭祀

生活在神祇的辉光下

■ 古希腊时期

《荷马史诗》里说："永生的神明和地上行走的凡人在种族上不相同。"《颂歌》里也说："人和神两个种族均由地母所生，但在力量上二者是完全不同的，一个一无所有，另一个在天国获得永久的固定住所。"古希腊人将神与人之间的界限视为不可超越，从生到死一直生活在神祇的辉光之下。

祭神的狂欢

古希腊是一个多神崇拜的国度，对神的崇拜和祭祀在古希腊人的生活中占据了重要位置，许多重要的活动都源自敬神仪式，例如奥林匹克运动会最开始的目的是娱神，戏剧也是从祭祀酒神的仪式中演化而来的。

在古希腊人的观念里，公共祭神活动是城邦的头等大事，宗教礼仪非常重要。几乎每个城邦都建有神庙，在特定的日子举行向神灵献祭的活

酒神巴库斯

动。据统计，古希腊人有300多个宗教节日，分布在250多个地方，分别祭祀400多个神祇。比如，雅典每年有144个宗教节日，每个节日都要举行公开的祭祀神灵的仪式。

祭神的地点并不在神庙内。古希腊人相信，神庙是神的居所，不能随便入内，祭祀活动一般在神庙外的广场上围绕祭坛来举行。祭祀之前，所有人要沐浴更衣，头戴花环，身穿盛装，来表达对神灵的敬重。如果用牲畜向神献祭，那牲畜也要被清洗干净，并用缎带缠绕起来，犄角涂成彩色，献祭的牲畜可以是牛、羊或者猪。

^ 小爱神厄洛斯有两支箭，被金箭射中了会使人产生炽热的爱火，如果被铅箭射中，爱火就会马上熄灭。

在仪式开始前，祭司要带着一列美丽的少女将献祭牲畜送到祭坛前。这些少女有的捧着香炉，有的怀抱水瓶，有的手持圣火，神情庄严地参加祭祀活动。乐师队伍跟在献祭队伍后面，奏乐来表示对神灵的尊重。与音乐相伴的是舞蹈，很多专门为祭神仪式创作的舞蹈这时候会隆重上演。

到达祭坛后，人们围成一个圈子。祭司将圣水依次洒在每个人的手上，还要洒在献祭牲畜的头顶。然后，祭司高声朗诵祭文并祈祷神灵护佑，并许诺将来要祭献更好的祭品。

祈祷结束后，牲畜被抬到祭坛上宰杀，鲜血喷溅到祭坛上，象征着请神来享用供品。接着，牲畜的内脏和肉放在火上烤熟，由在场的人全部吃掉，不能有剩余，也不能带走。这种献祭仪式更像是一场公共的宴会，给参与者提供了一个集体狂欢的机会。

在日常生活中，古希腊人也会在自己家中的庭院里设置一个小型祭坛。每天清晨，他们都要在祭坛前向神灵祈祷。但向哪位神灵祈祷取决于他们当天要做的事情，因为不同的生活层面是由各位神灵们分着掌管的。例如，如果男主人要去旅行，那么就要向旅行者之神赫尔墨斯祈祷；如果出征，则要向战神阿瑞斯或者女战神雅典娜祈祷。很多城邦都有自己的守护神，在一般情况下，人们可能更多地选择城邦守护神作为自己的祈祷对象。每一个神都有祭司，祭司的职责是教导人们如何行礼。因为古希腊人认为，如果违反了仪式的要求，可能就得不到神的庇护，甚至会激怒神灵。向不同的神祈祷时，人们的姿势也有所不同。例如向海神祈祷时，祈祷者的手势要指向大海；向冥神祈祷时，祈祷者的掌心要朝向地面，等等。

在古希腊，有一种特殊的“替罪羊”的宗教仪式。人们将一个罪犯或者外邦人拥上高位，给他们吃好的，穿好的，让他们尽享世间的荣华富贵。但是当一年期限来临时，人们就会将他杀死（后来是驱赶出城邦），以示消除所有的罪孽。

祭祀的重要意义

祭祀在古希腊人的生活中占有重要意义。人们通过祭祀神灵，来祈求神灵的护佑，消除灾祸，并且给自己赎罪。在古希腊的神话传说中，神显得都有些小心眼，如果人们在生活中得罪了他们，或者祭祀时忘了他们，或者祭品不够丰盛，他们就要找碴儿，给人类降下灾祸。古希腊神话中的英雄阿伽门农，就是因为在打猎时得罪了狩猎女神，才导致大军出征时海面无风，无法起航。直到他被迫将自己的女儿献祭，海风才骤然而起。

《荷马史诗》中记载了阿波罗神的祭司献祭之后，阿波罗立刻采取了行动：“从奥林匹斯山上大步走下，他的心中充满怒火，他的肩上挎着弓箭和有盖的箭袋。这位神灵愤怒地行走，肩上的箭发出碰撞的声音。他的到来犹如黑夜降临，然后，他在离船舶有段距离的对面蹲下，射出一箭，银弓发

^ 德尔菲神庙位于山坡上，附近生长着一片橄榄林，是古希腊著名的神示所。

出可怕的声音。他首先射向骡子和猎狗，然后正对着人群射出了一支势不可挡的利箭，击中了他们。到处燃起焚尸的火焰，无休止地燃烧。”

不过，有的神灵不管人们是否虔诚献祭，对人们祈求的事儿一概不管。在史诗《伊利亚特》中，宙斯接受了阿卡亚人的祭祀，却拒绝帮助他们取得胜利。尽管阿卡亚人整夜都在喷洒祭神的美酒，他也完全不为所动，甚至还要给他们降下灾祸。宙斯在希腊神话中，一向被描述为傲慢自大的神，行事也基本不会依照正常人的心理。

祭祀神灵，除了祈福消灾之外，还有重要的现实意义。古希腊城邦林立，貌似一盘散沙。而到了关键时刻，古希腊人又能团结起来一致对外，宗教起到了难以替代的作用。古希腊人都认同一个祖先——美女海伦，都信奉共同的万神之神——宙斯以及宙斯手下的神祇们。这些神在冥冥之中维系着他们脆弱的联系，时刻提醒他们身上流着相同的血液。对这些共同的神的崇拜，让古希腊人心里产生了一种超于城邦之上的观念。而祭祀，就是

^ 古希腊神话中的冥河老渡神喀戎

强化这种共同观念的最好形式。

卜测凶吉的神示所

古希腊人认为神可以预知未来，只要通过特定的人向神祈求，就可以得到回应。当然不是每个人都可以直接与神接触，神只会通过祭司将指示传达给人类。在这种观念的引导下，向神祈问并聆听神谕的场所——神示所，应运而生。人们到神示所询问种种疑惑，其中有公事也有私事，有人询问政变能否成功，有人怀疑家中的牛被邻人偷了，请神确定是否属实，也有人请求神告诉他孩子是不是自己亲生的，等等。

在神示所，祭司们通过不同的方式进行占卜。例如，古希腊西北部的多多那神示所供奉的对象是代表宙斯的橡树，其祭司便是根据风吹叶摇的声音和虫鸣等自然声响做出卜测。在诸多的神示所中，最具影响力的是敬奉太阳神阿波罗的德尔菲神庙。德尔菲神庙位于希腊中部帕耳那索斯山的山麓上，被认为是世界的中心，也是人类最接近神明的地方。在希腊神话中，宙斯释放了两只雄鹰并且让它们朝着相反的方向飞行，这两只雄鹰相遇的地方便象征着地球的中心，而德尔斐正是这两只雄鹰相遇的地方。

为了得到神的启示，每逢遇到重大事件或疑难问题时，古希腊人便会从各地跋山涉水来到德尔菲神庙。许多城邦每年也会派使者前来向皮提亚询问凶吉。“皮提亚”是女祭司的称呼，是阿波罗神与凡人交流的媒介，最开始由少女担任，后来选择老年妇女从事。

在与神沟通之前，人们首先要给太阳神献祭，并询问神是否愿意给他们解答。询问的方式是把一头山羊放在祭坛上，然后给山羊洒点凉水，如果山羊哆嗦，就代表阿波罗同意回答问题。然后，人们就会在神庙人员的引导下走向神示所。

神示所位于神庙深处的一个山洞里，其中的地面上有一条很深的裂缝，从中冒出缕缕蒸气，散发着一种淡淡的芳香。女祭司坐在裂缝上方的一把三脚椅子上。当蒸气使女祭司精神恍惚时，就是阿波罗开始显灵了。在恍惚中，女祭祀给予询问者解答，但是这些话都很含混晦涩，很多人会误解了她的回答，当然也有可能是女祭司故意不说出明确的答复。

德尔菲的神谕除了给人指明方向之外，还成为城邦政治中打击政敌的工具。政治集团会假借神的名义，假传神谕，来整治对方。哲学家普罗塔格拉、阿拉克萨格拉和诗人迪亚哥拉斯等人，都曾受到过“不敬神灵”的指控和审判。著名哲学家苏格拉底也被指控为“不信城邦所奉的神，企图引入新神，并以此来误导青年”，从而被审判团判为死刑。

除了向前来询问的人收取费用作为报酬外，神示所还有一个重要的财富来源，即收取寄存费。因为神示所被认为是神灵庇佑的地方，所以在伯罗奔尼撒战争之前，几乎没有人敢来侵犯。许多城邦为了安全，将公共财产寄存在神庙里，祭司收纳寄存费，又可以获得一大笔收入。

总而言之，关于神灵的崇拜和祭祀是古希腊人生活的重心之一，神话观念是世俗生活的准则，很多国家大事都是以宗教的名义举行的，连早期的改革家也经常将他们的改革政策依托到神灵身上。

VISIBLE HISTORY OF THE WORLD

关键词：死亡／葬礼

死亡与来世

■ 古希腊时期

古希腊人热爱生活，但也不惧怕死亡。他们认为，死亡只不过是肉体的消亡，人的灵魂永远不灭。生与死，仅是居住地的转换，肉体的存在是暂时的，只有灵魂才是永恒不朽的。那么为什么活人看不到离体的灵魂？因为灵魂去了另一个世界，那就是冥界，一个黑暗之地。

亡灵的必经之路

在古希腊神话中，冥界处于冥王哈得斯的统治之下。哈得斯的府邸在很深的地底，而洞穴或巨大的地缝是冥界的入口。人死之后，神使赫尔墨斯引导亡者的灵魂到达冥界。他们遇到的第一个关卡是冥河。亡灵必须向冥河摆渡者喀戎支付摆渡钱，否则会被喀戎无情地抛入河中，所以人们在埋葬死者时会在他的嘴里放一枚钱币以做渡资。过了冥河，等待亡灵的是地狱守护犬克耳伯罗斯。克耳伯罗斯是冥王哈得斯的看门狗。它凶恶地看守着这些亡灵，催促他们前进，也严防他们逃跑。

在克耳伯罗斯的监视下，亡灵紧接着来到一个十字路口，那里坐镇的是审判官，他将根据亡灵生前的善恶决定他们的去向。亡灵有三种去处：

一是福地，那是生前行善积德与没有犯下罪行的人所居之处，福地里阳光普照，溪水潺潺，充满了温暖和欢笑，是亡灵最向往的居所。二是水仙之地，这是碌碌无为与平庸的普通人所去之处，大多数人都会来到这个地方，水仙之地没有光与影之分，天地之间模糊一片，亡灵漫无目的地四处飘荡。三是炼狱，作恶多端的人必须下到炼狱受苦。炼狱里有不同的空间，关押着不同罪行的人。有的空间终年刮着寒风下着冷雨，亡灵衣不蔽体，瑟瑟发抖；有的空间充满了各种美食，亡灵只能看，却吃不到嘴里；有的空间亡灵重复做着繁重的劳役，一刻不能停歇。

人间的葬礼

古希腊人非常注重葬礼，认为如果人死后曝尸荒野，灵魂将找不到归宿，永远飘浮不定，成为孤魂野鬼。所以打仗时，兵士有将同伴的尸身带回家乡的责任。

古希腊人死后，家人会立即向亲戚、朋友发出通知，然后为死者清洗身体，涂抹上油脂，再穿上白袍。死者的尸体摆放一天，以供亲友瞻仰遗容。

古希腊葬礼仪式

画面左侧的男子正挥手向死者告别；右侧的妇女在为死者做着殡葬准备，她们边哭泣边撕扯专门剪短的头发以示悲痛。

死去的赫克托尔

在特洛伊人的心中，赫克托尔是一位勇士、一位统帅，他打败过无数部落和城邦的第一勇士，然而还是死在了阿喀琉斯的长矛之下。

妇女穿上黑衣，剪短头发，围着死者哀号，充分表达自己的悲伤。收到通知的亲朋们纷纷赶来帮忙，准备葬礼的各种事项。在殡葬准备结束后，人们列队将遗体送到公墓，将死者个人生前用过的物品随身安葬，以备死者在冥界使用。

死者通常采取土葬或者火葬的方式，其中火葬比较盛行，在《荷马史诗》中已出现了有关火葬的记载。阿喀琉斯的好友帕特克劳斯阵亡后，他的尸体被火化，骨灰安置在金盒子里，埋入坟墓中，然后修起高耸的坟。特洛伊王子赫克托尔被阿喀琉斯杀死后，他的父亲要求给11天时间安葬亡者。妇女们哀号了9天，第10天举行火葬，此后人们把赫克托尔的骨灰收集起来放在金匣子里。第11天在城外为死者修起高高的坟，然后在王宫里举行葬后宴，最后以向神灵献祭为结束。从中可以看出当时葬礼的大致情况。

阵亡者的纪念活动

在古希腊，阵亡将士的葬礼是非常隆重的。死者被安置在帐篷里，接着人们开始轮流向死者献祭。葬礼开始后，人们先举行丧葬游行，让死者最后看一眼他保卫的祖国。死者一般被埋葬在城外的公墓里，有时功勋卓越的将士也会被安葬在他们阵亡的地点。在那里，人们立起纪念碑，并时常前往吊唁。

有些城邦每年还会为阵亡者举行纪念游行仪式。黎明时，号手吹起战号，许多辆装满花圈的马车跟随在号手后面缓慢行驶。车队后面是青年公民，他们持着酒壶、油脂盒和水壶等，队伍的最后是城邦的长官，他是纪念活动的主持人。到达墓地后，满怀敬意的长官用圣水将墓碑洗净，将油脂涂在上面，然后屠牛祭祀，邀请死者回来食用丰富的食物和美酒。

历史断面

古希腊的裸体雕像

古希腊人格外喜欢人体雕刻，而且当时的人体雕像几乎全部是裸体的。多数学者认为，这主要与当时战争频繁有关。那时战争全凭肉搏，身体越强壮越好。战争也带来了体育的盛行，当时的青年人将大半时间都花在练习角斗、跳跃、拳击、赛跑等体育运动上，各个城邦每逢节日都要举行体育竞赛。在当时的运动场上，青年男女为了显示自己健美的体魄，常常把衣服脱光，“尽管少女们确乎是这样公开地赤身裸体，却丝毫不会感到有什么不正当的地方。”法国雕塑家罗丹曾说过：“在希腊人眼中，理想的人物就是血统好、发育好、比例匀称、身手矫健、擅长各种运动的裸体。”于是，裸体雕塑就大量地出现了，而那些运动场上的优胜者和美丽的肌体都可成为雕刻家最理想的模特儿。

专题

狂欢的酒神节

⊙神话传说 ⊙酒神崇拜 ⊙节日祭祀

酒神节是狂欢的节日，在这个日子里，所有人都抛却了尊卑之分，尽情欢乐，说平日不敢说之事，做平日不敢做之事，颠覆了世间的等级地位。在醉醺醺的节日气氛里，人们在酒醉的狂喜中打破彼此的隔阂，享受极乐欢愉。

酒神的诞生

在古希腊神话中，宙斯与凡间美女塞墨提偷欢，使塞墨提怀上了孩子。天后赫拉知道后为了报复塞墨提，就唆使她对宙斯的本体产生了好奇心。当宙斯再一次来找塞墨提时，她提出想看一看宙斯的真面目。宙斯劝说无效，无奈之下现出了本体——一道闪电。凡人无法承受如此强烈的光芒，塞墨提被烧死了。宙斯把胎儿从母体中取出，缝在自己的大腿里，后来狄奥尼索斯便从宙斯的大腿中降生。

然而赫拉的妒忌之火还没有被熄灭，她派泰坦巨人去刺杀狄奥尼索斯。宙斯把狄奥尼索斯变成了山羊，而后又变成公羊，然而还是没能使他逃脱厄运。巨人杀死了狄奥尼索斯，并将他肢解放到大锅里烹煮。雅典娜从中救出了他的心，送给了宙斯。宙斯怜悯他，将他复活。所以狄奥尼索斯等于出生了两次。

酒神的祭祀

▲手执葡萄藤和酒碗的酒神

狄奥尼索斯是葡萄种植和酿酒的保护神。他的标志是常春藤、山羊和爬满葡萄藤的权杖，权杖的顶端有一个松果。他喜爱凡间，在世间到处游荡，把葡萄种植技术传授给人类。在他后面尾随着许多随从，有森林精灵、水泽仙女、山神，还有狂女。狄奥尼索斯在冬天死去，在次年春天复苏。为了纪念他并祈祷葡萄丰收，希腊人每年都会举行盛大的庆典。

狄奥尼索斯并不是古希腊的本地神。公元前13世纪左右，酒神崇拜从小亚细亚传入古希腊，后来随着葡萄酒酿造技术的成熟，古希腊的酒神崇拜才逐渐盛行起来。

狄奥尼索斯原本只是葡萄丰产的象征，并不带情色的意味。后来他与森林之神萨提罗斯紧密联系在一起。萨提罗斯是一个长有人的面孔，公羊的角、腿和尾巴的半人半兽，他生性好欢娱，耽于淫欲。在庆祝它的庆典上，人们放纵情欲，肆意淫乱。古希腊人将萨提罗斯视为狄奥尼索斯的随从，有时候干脆将两者混为一谈，于是狄奥尼索斯的祭仪也沾染上了癫狂、色情、释放的含义。

酒神节是祭祀狄奥尼索斯及其妻阿里阿德涅的节

日，起初秘密举行，只有妇女参加，后来男人也能参加，其中蕴含着性解放的味道。不过到了后来，其中的“纵欲”行为减少，转而寻求情绪的大解放。人们酒醉之后，忘却了道德和伦理，变得癫狂起来，做出各种可怕的暴虐之事。从出土的陶器上可以看到，参加酒神节的女性身穿野兽皮，神态疯狂。她们在一个隐秘的小山谷里参加聚会，尽情地饮酒欢乐。节庆的最高潮是捕获一头山羊或者公羊，有时是一个偶然路过的男人（他被认为是神的化身），然后将其撕碎，纪念被肢解的狄奥尼索斯，之后饮其血食其肉。

酒神的欢庆

酒神节本来只是雅典一个小乡村的地方性节日。公元前8世纪前后，在单纯的祭祀活动中增加了歌舞成分。到了公元前6世纪，酒神节受到官方的认可，成为全城邦的大节日，并将狄奥尼索斯纳入奥林匹斯山神系中。在欢庆过程中，原先明显带有原始遗俗的野蛮行径被禁止，取而代之的是庄严盛大的游行。

在雅典，与狄奥尼索斯有关的节日有若干个，其中规模最大的是大酒神节。每年春天，雅典城邦就要举行大规模的大酒神节。在舞蹈队伍中，人们半身裸露半身披着兽皮，或全身裸露头上戴着花冠，化装成山林水泽仙女、狂女和萨提罗斯的模样。在庆典中，人们环绕狄奥尼索斯的祭坛翩翩起舞，欢唱酒神颂，赞美狄奥尼索斯赐予人类葡萄酒，哀叹他的不幸遭遇，歌唱他的再生。悲剧由此诞生，所以狄奥尼索斯还被视为戏剧之神。后来酒神节的庆典规模扩大，在祭祀活动之后，紧接着上演戏

▲祭祀酒神的狂欢

剧，从而将节日的气氛推向高潮。

酒神信仰作为古希腊人宗教生活的重要组成部分，体现了一种正统之外的解放和癫狂。它所代表的反叛、非正统精神深刻地反映出了古希腊人内心对于自由和无秩序的渴望。

第三章

悲欢岁月

雅典是古希腊强国，而它大国的地位并不是一蹴而就的，统一阿提卡半岛的国王提修斯为此做出了突出的贡献。雅典卫城是西方建筑史上的一个奇迹，在狭窄的丘陵地带开拓出了融审美性与实用性为一体的建筑空间。

贵族政体建立后，雅典迎来了短暂的繁荣，然而贫富分化促使社会动荡不安。基隆政变、德古拉立法、梭伦改革……智勇者用睿智和远见使雅典面目一新、走向繁盛。

VISIBLE HISTORY OF THE WORLD

关键词：改革／统一

雅典城邦兴起

■ 约公元前 9 世纪

雅典是古希腊强国，然而大国地位并不是一蹴而就的，在其建立初期，也曾经过一番阵痛。在这一过程中，统一阿提卡半岛的国王提修斯为此做出了突出贡献，用他的生命奠定了雅典辉煌未来的基石。

建城之前的雅典

雅典位于中希腊的阿提卡半岛，面积有2500多平方千米，三面环山，一面傍海。它的西南方面对广阔的爱琴海，海岸线曲折，拥有优良的港口。

传说克罗普斯国王是阿提卡半岛的第一任统治者，他把所有的居民划分为4个部落，每个部落下面有3个胞族，每个胞族下面又有30个氏族，一共有360个氏族。每一个部落都有自己的军事首领，这是荷马时代的情况。但是，在海外大殖民时代，雅典没有参与殖民，错失了扬名的契机。

公元前12世纪，多利安人入侵伯罗奔尼撒半岛，迈锡尼人向外迁移躲避战火，其中有一部分移民来到了阿提卡半岛。外来人口的增多触动了原本规整的氏族制度。随着技术分工和私人财富的增长，贫富开始分化，形成了不同的阶级，部落之间的平等关系也遭到破坏，军事冲突加剧。

提修斯统一阿提卡

相传，到了约公元前9世纪，雅典王子提修斯杀死了米诺牛之后继承了王位，一统阿提卡半岛，建立起了以雅典为中心的城邦。但是根据考证，提修斯勇杀米诺牛是在克里特时代，距离雅典建城有数百年之遥。

据推测，当时确实是有一位国王统一了阿提卡半岛，但不是提修斯，可能是国王托古改制，也有可能是后人崇古而把建城的历史追溯到提修斯身上罢了。因为不知道这位国王的名字，本书也暂以“提修斯”之名代而称之。

提修斯是克罗普斯国王的第九任继承人。他统一阿提卡半岛后，进行了两个方面的改革。一是建立以雅典为中心的国家。此前各个部落各行其政，提修斯像秦王扫六合一样，统一了四个部落，使其成为一个联合

> 雅典的守护神——雅典娜女神像

的整体，并且在雅典设立中央机构，以科层制管理国家。二是将居民划分阶层。按照职业、财富和地位，把民众划分为贵族、农民和手工业者三个阶级。只有贵族才能掌管宗教仪式、行政管理等国家职务，农民和手工业者都属于平民。提修斯还主动削减了自己的权力，让更多的贵族加入行政队伍中。这一举措不可避免地触动了原有的大贵族阶层的利益，因此他们联合起来，教唆民众反对提修斯的统治。改革遇到挫折，提修斯灰心地离开了雅典，去了斯基罗斯岛。但他没想到的是，雅典贵族早已与斯基罗斯国王合谋，企图谋杀他。提修斯最后被暗杀于斯基罗斯岛。

^ 图中描绘的是提修斯的英雄事迹，正中央表现的是他除去米诺牛的情景。

执政官的出现

相传提修斯改革不久，雅典和其他国家发生冲突，雅典的最后一代国王科德鲁斯在战争中丧生。他去世之后，雅典人废除了国王的称号，以执政官代之。最初，执政官是世袭且终身制的，只能由科德鲁斯的后裔担任。公元前752年开始，规定执政官的任期为10年，但只能在科德鲁斯的家族内传承。公元前711年，废除了执政官的家族限制，每一个贵族都有机会成为执政官。公元前683年，执政官的任期改为1年，由选举产生；人数也由原来的1个变为3个，最后增加为9个。

首席执政官又称“名年执政官”，因为他任职的那一年是以他的名字命名的，他负责解决各个阶层和族群之间的冲突矛盾，管理内政。第二位是王者执政官，负责全国性的宗教仪式。第三位是军事执政官，掌管军队及作战事宜，类似军委主席一职。其余6位是司法执政官，分管司法审判的方方面面。

当时执政官是没有薪酬的，所以只能由有土地、有财力支持的贵族充当。在1年的任期届满之后，执政官会进入元老院。元老为终身任职制，负责监察执政官的作为，并集体对国家大事做出裁决。

经过近两百年的不断改革，雅典的社会制度逐渐建立起来。随着国力的强盛，雅典也从不起眼的小国摇身一变成为了古希腊的经济、文化中心。

历史断面

消失的亚特兰蒂斯

古希腊哲学家柏拉图在他的著作中曾提到乌托邦社会“亚特兰蒂斯”的存在。他说，海神波塞冬的后裔建立了亚特兰蒂斯，那里没有战争，没有纷乱，生活富足。可是安逸的生活久了，人们内心的欲望开始膨胀，开始侵略周边国家。这引起了宙斯的愤怒，他掀起滔天洪水，亚特兰蒂斯在一夜之间沉入海底。千百年来，许多人都在苦苦寻找这个曾经存在过的理想大陆。据考证，克里特岛极有可能就是亚特兰蒂斯的原型。

VISIBLE
HISTORY OF THE
WORLD

关键词：僭主 / 奴隶 / 贵族

暴动与立法

▪ 公元前 8 世纪 ~ 公元前 7 世纪

雅典城邦建立以后，太平日子并没过多长时间，便因为平民与贵族的矛盾日益尖锐，社会日益动荡不安，爆发了贵族基隆领导的暴动。虽然暴动被镇压下去，却难以平息雅典社会内部的矛盾。几年后，执政官德拉古制定法律，采取高压统治，用严厉的惩罚来防治犯罪事件。不过，社会治安并未由此转好，反而更加恶化，这是他始料未及的。

尖锐的社会矛盾

公元前8世纪，古希腊开始进入奴隶社会。铁器广泛应用，商品货币经济也不断发展，原始社会的血缘关系以及土地公有制很快瓦解。贵族政治体系建立之后，雅典迎来了一段短暂的繁荣时期。然而，看似平静的社会深处，矛盾如暗流涌动。

贵族依仗权势占据大量土地，广大自由农民失去自己的土地，只得依靠租借贵族的土地耕作为生。地租非常繁重，他们需要把产出的5/6（也有人说是1/6）交纳给贵族，因而被称为“六一汉”。农民如果交不起租金，就会连同妻子、儿女一起被捕，沦为债务奴隶。原则上来说，他们只要偿还债务，就可以恢复自由身，但这只是一句空话，利滚利，债滚债，他们的欠债一年比一年多。还有些人被卖到国外，命运更加悲惨。

另一方面，大批平民失去土地后，连租种贵族土地的资格都没有。他们虽然享有人身自由，却失去了安身立命的根本。他们要求重新得到失去的土地，免除债务，以避免沦为债务奴隶。同时，还有一部分平民通过从事工商业变得富有，但社会地位不高，不仅没有参政的权利，甚至还会在政治上受到欺压。他们与贵族之间的矛盾越来越深，纠纷和冲突不断爆发。

基于调和平民与贵族冲突的要求，僭主政治这一特殊的统治方式应运而生。僭主是指通过暴力等非法手段（非合法选举）推翻贵族政权，并建立个人独裁统治的篡位者。起初，“僭主”一词并无贬义，只是表示一位独裁专制的统治者，其政绩因人而异，有的僭主政绩卓越，为本国的发展做出了突出贡献，也有残暴酷虐的暴君。

∨ 在这幅体现雅典民主政体的瓶画里，传说中的古希腊武士正在雅典娜的监视下用石子进行投票表决。神话与现实在这里相互融合。

僭主具有强权，却始终没能获得法理上的认可，始终被人们认为是篡夺政权的人。不过，僭主在调和平民与贵族两大阶级的冲突方面起到了积极的作用。僭

雅典的瘟疫

处于巅峰时期的古希腊城邦发生过一次大规模的内战，交战过后，一场前所未有的瘟疫降临到雅典人身上。面对瘟疫，医生们束手无策，病人们多半因为高烧死亡。

主独立于平民和贵族两个阶级之外，采取措施抑制贵族的利益，给平民一定的好处，从而缩小两个阶级之间的贫富差距和其他利益上的差距，相当于平民与贵族之间的“中介”。

然而，僭主却没能彻底解决平民与贵族的冲突，只是在表面上进行小修小补。相反，由于两个阶级之间的矛盾日益激化，不可避免地引发了大规模的暴动，其中影响最大的是贵族基隆领导的暴动。

基隆暴动

基隆曾经在奥林匹克运动会上夺得胜利，具有极高的声望。他的妻子是麦加拉僭主特西阿真尼的女儿，强大的妻族成了他政治上的靠山。基隆在政坛平步青云，但他不甘心于此，他的目标是成为雅典高高在上的统治者，并企图利用贵族与平民之间不可调和的矛盾，借此发动政变，自己当上僭主。

为了实现这一目的，他事先联合来往亲密的亲朋好友，又争取平民领袖的支持，最后还寻求岳父的协助。他的亲友们多为贵族，手下有一批人马可供驱使。岳父特西阿真尼出于对女儿的考虑和政变后可以得到的好处，也调拨了一支军队帮助他。如此一来，万事俱备，只欠东风了。

但是基隆还是犹豫不决，不敢轻举妄动，他的身家性命全系于此事，必须谨慎行事。想来想去，他决定去询问神的意见。供奉太阳神阿波罗的德尔菲神庙的神谶非常灵验，基隆避过众人的眼线，悄悄地求神的指示："我伟大的神，请告诉我此举是凶还是吉？什么时刻才是动手的好日子？"女祭司通过与神沟通，传达下来的答复是：吉，宙斯的大节日。

基隆大喜过望，同时对于神指定的时间感到困惑，宙斯的大节日指的是什么日子？神谶过于含糊了，让他丈二和尚摸不着头脑。有一天，他苦思冥想时，突然听到外面的吵闹声，于是派奴隶去打听发生了什么事。奴隶回来禀告说，四年一度的奥林匹克运动会就要举行了，人们在欢送运动员去参赛。

他恍然大悟，神说的"宙斯的大节日"不就是奥林匹克运动会吗？运动会正是为神王宙斯举办的呀，而且他还曾经在运动会上赢得过荣誉。他欣喜若狂，觉得连神也在帮助他，于是决定即刻行动。他迅速召集人马，准备夺取卫城，只要攻占了卫城，僭主之位就是囊中之物了。

公元前630年左右，基隆发动政变。他率军顺利地攻上了卫城，眼看着夺权就要成功。然而在这个关键时刻，他曾经拉拢过的平民领袖却临阵倒戈，号召所有的雅典人来反对他。雅典人从四面八方赶来，包围了基隆和他的部下，把他们围困在卫城里。

基隆不肯出来，平民也进不去，双方处于对峙局面。渐渐地，平民失去了耐心，纷纷散去，或许是他们自愿的，抑或是有人命令他们离开。总而言之，围困基隆的只剩下九位执政官和他们的士兵了。

此时，基隆所率军队的内部也出现了混乱，因为缺少水和粮食，一些人死于饥饿。剩下的人分为两派，一派主张坚持到底，另一派主张投降。作为领袖的基隆决定保全自己的性命，带着兄弟偷偷地从卫城中逃走了。这一举动成为压倒其他人的最后一根稻草。这时，执政官允诺如果叛乱者愿意投降，可以对他们既往不咎。留在卫城里的人便接受了执政官的和谈要求。但可悲的是，这只是一场骗局。雅典人诱骗叛乱者放弃抵抗，然后冲进卫城大开杀戒。有些叛乱者瑟瑟发抖地躲在雅典娜的祭坛前，雅典人不顾神庙里不准流血的规定，杀死了他们；另一些人逃到了复仇女神的神庙里，也被雅典人杀害了。

虽然政变被镇压下去了，可是灾难还没有结束。当时的雅典执政官美伽克勒斯是著名的阿尔克门尼德家族的成员，是他下令在神面前杀死了叛乱者，违背了宗教原则，犯下了渎神罪。因此在政变平息后，阿尔克门尼德家族被指责为女神的罪人和被诅咒者。雅典人人心惶惶，担心神灵会迁怒整个城市，恰巧随后雅典发生了一系列灾祸，在惊恐之下，雅典人的愤怒爆发出来了，他们决定惩罚阿尔克门尼德家族。雅典人放逐了他们整个家族，并挖开坟墓，将死者的尸体掘出来示众。

但是雅典人还是没有安心，因为做完这些措施后，雅典紧接着又发生了一场瘟疫。最后，雅典人邀请了预言家和贤者埃皮门尼德来到雅典净化这座受到污染和亵渎的城市。在埃皮门尼德的努力下，通过献祭等宗教仪式才让女神息怒，瘟疫逐渐被成功地控制住了。雅典人很感激埃皮门尼德，送给他大量金银珠宝，可是埃皮门尼德什么都没要，只拿走了一棵橄榄树。

德拉古立法

基隆暴动并未使平民与贵族间的矛盾得到丝毫缓解，反而加剧了雅典治安的混乱。当时雅典还没有成文法，平时在社会生活中使用的是习惯法，但是贵族根本不把习惯法放在眼里，犯法后躲藏几天，然后便大摇大摆地出来了。受害者向执政官告状，最后也不了了之。深受多重欺压的平民愤怒不已，有些人被迫落草为寇，劫富济贫，有些人被逼到绝境，刺杀贵族，一时间社会秩序变得极为混乱。

^ 阿波罗神庙是德尔菲最大、最重要的建筑。图为神庙遗留下来的多立克式柱子。

同时，贵族之间也互相争权夺利，暴力事件频频发生。人们越来越强烈地意识到需要稳定规范的法律制度来保障公民的人身财产安全，贵族也担心如果平民的反抗加剧，他们的统治地位将会不保。于是雅典人委托执政官德拉古立法，希望以此规整秩序。

德拉古是当时雅典的六位司法执政官之一。公元前621年，他拟定了一部法律，后人称为《德拉古法》。《德拉古法》是雅典的第一部成文法，在法律史上具有重要意义。然而这部法旨在维护贵族利益，完全漠视了平民的权利。

德拉古从法律上规定债权人可以将欠债不还的人及其家属变为奴隶。在社会治安问题上则量刑过重，杀人、纵火、抢劫、盗窃一律处死，甚至连偷窃蔬菜、水果也被判处死刑。更令人不可思议的是，“懒惰”竟然也是一条罪名。据说有人曾经问过德拉古，为什么对大多数的犯罪采取如此严苛的量刑？死刑未免过重了。他回答道，在他看来，轻罪理应处死，至于更大的罪，还找不到比死刑更严重的刑罚，只好也处死他们。

德拉古的刑法如此严酷，以至于有人说他的法律不是用墨水而是用鲜血写成的，直到今天，一项专横冷酷的法律或者裁决都会被描述成“德拉古式的”。

^ 创作于公元前5世纪的雕塑作品《刺杀僭主者》

德拉古所拟定的法律条文保存下来的极少。其中有一条是：过失杀人者，流放。但是也有缓和的余地，只要罪犯的直系男性亲属一致同意赦免，就可以饶恕罪犯。这无疑为贵族逃避刑罚制造了借口。

在这部强硬法律的控制下，贵族之间的争斗确实有所缓解，但是平民对此怨声四起，既然小偷小摸与杀人抢劫是同样的刑罚，犯罪的成本是同样的，许多人干脆铤而走险，犯下重罪。如此一来，社会治安非但没有日趋良好，反而更加恶化。恐怕这也是德拉古始料不及的。

历史断面

俄狄浦斯情结

《俄狄浦斯王》这个古希腊神话传说经由戏剧的传播之后变得如此出名，以至于进入了心理学的范畴，成为“恋母情结”的代名词。精神分析学的创始人弗洛伊德认为男孩出于性本能，天生有恋母仇父的倾向，他爱恋他的母亲，因此仇视占有母亲的父亲，并想取代父亲的位置。

关键词：雅典 / 改革 / 等级划分

改革家梭伦的悲喜人生

■ 公元前 594 年

德拉古立法后，雅典并未变成一个井井有条的法治城邦，秩序反而更加混乱。这个时期，贤人梭伦被推选为执政官，进行了比较彻底的改革，基本奠定了雅典的民主制度，保护发展工商业，为后世的很多制度奠定了基础。

远行经商

梭伦（前630—前560）出身于贵族家庭，生活优裕，但他的父亲乐善好施，又不善经营，导致家道中落。梭伦本来可以借助于父亲的社会关系，重新振兴家业，虽然不能恢复到鼎盛时期的水平，但享一辈子清福是不难做到的。但梭伦以向别人索取为耻。于是，他开始远行经商，自谋出路。

梭伦在经商方面表现出了惊人的才华，很快得以致富。他不是一个唯利是图的人，在他看来，经商可以解决家庭困境，更重要的是可以四处游历，从其他智者身上学习知识和增长智慧。

在古希腊，经商是一个受人尊重的行业。古希腊人重视灵魂的高尚，同时也不轻视任何通过正当途径获取的财富。亚里士多德将经商称为致富的“最便捷的方式”。商人每到达一个地方，都会受到当地人的普遍欢迎，因为他们带来了当地人需要的物品，也带来了外界的信息。

梭伦带着自己的船只和仆从扬帆远航。他恪守经商之道，即便获取财富的速度较慢，也要坚持正当贸易。在经商的这段时间，他周游了古希腊和小亚细亚的很多地方，广泛结交知名人士，亲眼目睹了贵族与平民的对立，对下层人民饱受压迫的生活状况有了新的认识；他也考察了多个城邦的政治体制，从而反思雅典的贵族寡头政治。

^ 梭伦头像

夺回萨米拉岛

就在梭伦外出期间，雅典与邻邦麦加拉为争夺萨米拉岛交战多次，屡屡失败。麦加拉僭主特西阿真尼为了替暴动失败的女婿基隆报仇，派重兵夺下萨米拉岛。雅典在军事上不是麦加拉的对手。但萨米拉岛是雅典对外贸易的重要中转站，失去了该岛，雅典的战略安全和商业将受到重大影响。败绩连连，让雅典人的厌战情绪与日俱增。执政官们出台一条法令，规定凡是敢以书面或口头方式提议战争的人，处以死刑。雅典的爱国青年对这条法令感到非常愤慨，但是也不敢以身试法。

梭伦听到这个消息后，迅速从国外赶了回来，跟朋友商量如何促使雅典当局面对现实，夺回萨米拉岛。但是他又不想直接反对那条法令，让别人找

^ 梭伦在改革过程中遭遇了重重阻力，这幅画作就表现了梭伦驳斥雅典人，为其所拟法律辩护的情景。

到罪名将他处死。左思右想，他想出了一个计谋，装成疯子。疯子被视为非正常人，社会对他们的宽容性较大，即使是当局追究下来，他也可以借口“在疯癫状态下连自己都不知道在说什么”来逃过一劫。

于是，梭伦把自己关在家里，放出风声说梭伦疯了。没几天，全雅典的人都知道他发疯了。然后，梭伦戴上花冠，跑到市场去装疯卖傻，当众朗诵他写的洋溢着爱国热情的诗篇，号召人们到萨米拉岛去，“为这可爱的岛屿而战斗”，洗雪耻辱，夺回萨米拉岛。他的诗歌情真意切，激起了雅典公民的羞耻心和荣誉感。

梭伦还查阅文献，论证萨米拉岛与雅典血脉相连、不可分割的关系，从历史传统和风俗习惯等多方面说明萨米拉岛本是雅典领土。在他的鼓动之下，反战法令被废除，雅典与麦加拉战火重燃。

公元前600年左右，梭伦被任命为指挥官，率领军队向麦加拉开战，一举击败特西阿真尼的部队，成功收复了萨米拉岛。经过这一事件，梭伦成为雅典人心目中的英雄，赢得了人们的广泛尊敬。雅典人热情地赞颂他为了国家利益牺牲自我的无私奉献精神。

政治革命

德拉古立法后，雅典社会的动荡丝毫没有得到缓解，平民争取权利的运动此起彼伏，贵族与平民之间的斗争愈演愈烈。无论是贵族还是平民，都迫切地希望改变现状，于是共同选择了德高望重的梭伦作为他们的代言人，请他解决当前的纷争。贵族信任他，因为他出身于贵族；平民信任他，因为他具有诚实、勇敢的美德。梭伦于是被推举为雅典的执政官。

梭伦掌权后，经过长期的观察分析，对雅典社会、制度等进行了大刀阔斧的改革。他颁布的第一项重要措施，便是推行“解负令”。

自从雅典城邦建立后，“六一汉”便伴随着债务而出现，苦不聊生。梭伦下令废除债务，禁止在放债时以债务人的自由作为抵押。田地里埋下的大大小小的债权碑，也由他下令拔除。他还下令取消“六一汉”制，甚至

绘在黑陶上的古希腊勇士阿喀琉斯和帕屈罗克鲁斯

由国家出资，赎回那些已经被卖到外国的奴隶。梭伦在诗中写道：“黑土将是最好的证人，因为正是我，为她拔除了树立着的许多界标。以前她曾是一个奴隶，而现在已经获得自由。我已使他们回到这神所建立的雅典，其中有的无辜被售，也有的因故出卖；有的为了可怕的贫穷所迫，逃亡异地，不复说他们自己的阿提卡言语；也有的惨遭奴隶的卑贱境遇，甚至就在家乡，面临着主人的怪脾气发抖，我都使他们解放。”

这条法令严重损害了贵族奴隶主的利益，遭到了他们的强烈抵制。为了做出表率，梭伦带头放弃了别人欠他父亲的债务。贵族虽耿耿于怀，却无话可说，只好按照法令去做。广大小土地所有者的束缚被解除，雅典的经济得到了极大的推动。

另一项重要措施是重新划分雅典社会阶层。在几代以前，雅典国王提修斯以地位和职业为标准将

雅典女人的日常生活

公民分为贵族、农民和手工业者三类，后两者即为平民。当雅典发展到梭伦所处的时代，许多平民通过经商等方式获得了大笔财富，在城邦的公共生活中占据比较重要的位置，相应地，他们也希望在政治上谋求同等的地位。

为了满足新兴势力的这一要求，梭伦将所有公民重新划分阶层，根据他们财产的多寡分为四个等级。第一个等级是“500斗级”，这一等级的人年收入需要达到500斗以上的谷物或者相应数量的葡萄酒及橄榄油；第二个等级是“骑士级”，他们能够养得起马或年收入达到300～500斗，因为骑士大多出于此阶层，故得此名；第三个等级是“双牛级”，年收入达200～300斗，他们养得起一对耕田的牛；其余的年收入在200斗以下的公民通通归为第四等级，统称为“泰特”，即雇工。财产多的人等级高，所能享受的政治权利也多。只有前两个等级的公民有资格担任执政官和其他较高级别的官职，可以当上骑兵（当时骑兵是很显赫的职业）；第三个等级的人可以担任中级的职务，参加重装步兵。第四个等级不能担任公职，只能作为公民大会的成员或作为陪审员来参政，参军也只能担任轻装步兵。

^ 绘有雅典娜的古希腊黑绘陶瓶

梭伦接着又创立了“400人会议”机构。此机构是议案的最先讨论表决机构，只有在此通过的议案才能提交给公民大会。“400人会议”的成员从

^ 克里特文明时期的红陶黑彩双系圆形罐

雅典的4个部落中用抽签的方式选出，每个部落100人。除了第四等级之外，其他三个等级的公民都可以参加抽选，但每个人只能当选一次。等到部落中所有人都轮遍之后，再重新轮选。除了这个机构和公民大会以外，雅典还有由历任执政官组成的元老院，是雅典的政治中枢，全权负责雅典的政治、经济和文化事务。梭伦希望通过这种三足鼎立的政治格局为雅典的民主体制奠定基础。

贤人梭伦

大权在握时，有人曾极力怂恿梭伦当僭主，推行个人独裁统治，梭伦却拒绝了。他曾对朋友说："僭主是一个可爱的地位，可是没有一条路可以由那里走下台。"他不但自己不做僭主，还阻止别人对僭主地位的企图。他看出亲戚庇西特拉图有当僭主的野心，因此曾手持长矛和盾牌闯入公民大会的会场，警告人们庇西特拉图图谋不轨。这些都记录在他的诗歌里："雅典人，我比你们中的一部分人聪明，又比你们中另一部分人勇敢——比那些没有识破庇西特拉图诡计的人聪明，比那些虽然识破了诡计，但由于胆怯而保持缄默的人勇敢。"

而后来梭伦卸任远游后，庇西特拉图果然通过种种手段当上了雅典僭主。为了拉拢梭伦以利用其威望来收买人心，庇西特拉图专门给梭伦写信，说明雅典还有很多人想做僭主，自己并不是唯一企图染指僭主地位的人。他希望梭伦能返回雅典，并许诺给他尊贵的地位。

梭伦却丝毫不为之所动。他在给庇西特拉图的回信中说：“在你做僭主之前，我是你的朋友，现在我和你之间的分歧，也不比其他任何不喜欢僭主政体的雅典人和你之间的分歧更大。对于他们来说，是被一个人统治着好呢，还是生活在民主制度下好呢？这个问题让每一个人凭自己的判断下结论吧。回到雅典对我来说是没有好处的。我曾经给雅典人以政治上的平等，并在我有可能做僭主的时候拒绝了这样做。如果我现在回来并且赞成你所做的一切，那我怎能逃避人们的谴责呢？”梭伦坚决不回雅典，不愿意被人利用，最终客死他乡。

梭伦去世后，人们遵从他的遗愿，将他的骨灰撒在他曾战斗过的萨米拉岛上。

∨吕底亚国最后一位国王克里萨斯王（右）与梭伦（左）

吕底亚人与古希腊人在贸易上往来频繁，他们精于商业与贸易，吕底亚国也曾经富强一时。

VISIBLE
HISTORY OF THE
WORLD

关键词：城邦 / 权力 / 制度

公民大会与雅典的民主制

▪ 公元前 11 世纪 ~ 公元前 9 世纪

雅典是西方民主政治的摇篮。古代雅典人通过不断改革，在平民与贵族的反复斗争中，建立了一套高度完善的民主制度，至今已有两千多年的历史，对后世影响深远。公民大会即为雅典民主制的典型机构。以全民直选、权力制衡、主权在民为特点的民主制度，极大地推动了雅典经济、社会与文化的发展。

最高权力机关——公民大会

公元前11世纪~公元前9世纪，公民大会作为雅典的最高权力机关而出现，当时称为人民大会，20岁以上的男性公民可以参加。公民们在大会上自由发言，或展开激烈的辩论，共同商议城邦大事，决议一旦形成就不能更改。每次参加会议的人会超过6000人。

会议日程由参议院制定，然后公示4天，并要提前5天发布通知。大会有一个部门叫作“执行司”，由城邦的执政官们组成，首席执政官担任司长，同时主持公民大会。主持人手下有一名传令官和一位秘书。传令官需要声音洪亮，随时传达主持人的命令；秘书则负责宣读文件。由于雅典人信奉神灵，所以每次开会前，先要举行宗教献祭仪式。主持人带着祭祀品绕场一周，秘书宣读文件，传令官环视全场，大声问道："何人有良策献给城邦并希望表达出来？"会议就算正式开始了。

从理论上讲，每位与会人员都有发言的机会和权利。只要自己有话要说，走上讲台，把象征发言权的花环戴在头上，就可以发表自己的观点了。不过，在普尼克斯山丘这个露天场地上，又没有任何扩音设备，要让在场的6000人听清自己的话绝非易事。要知道，听众们不会静悄悄地倾听演讲者发言，而是随时进行评论，甚至发出嘘声，或者拍手跺脚，干扰发言。有些听众甚至从头到尾不听一句话，一直忙着聊天，制造噪声。古希腊喜剧作家阿里斯托芬在自己的剧作《阿卡亚人》里这样描写一位参加公民大会的人的心理活动："我呢，总是第一个到场，我到了会场坐下来；因为只有我一个人，我唉声叹气、打哈欠、伸懒腰、放屁，我不知道做什么好，就在地上乱画，拔身上的毛，算自己的账目。我朝我耕地的方向眺望，心中深深眷恋着和平。"这生动形象地刻画了一个敷衍了事的与会者形象。在开会时，只要有人宣称是神的指示，不管是真是假，会议都会马上结束。

^《掷铁饼者》雕像中的运动员右臂向后擎起，背、腰、腿部凝固成一个流畅的S形。整件作品流露出一种力与美的平衡感，精确表现了运动员掷出铁饼前那一个蓄势待发的瞬间。现在这位运动员的形象已经广为人知，并成为体现奥林匹克精神的经典之作。

在这样混乱的局面中，如果希望自己的发言能产生一定的影响，就必须拉拢一批人组成自己的团队。在团队中，擅长谋略的人出谋划策，口才和形象好的人负责演讲，还有人负责坐在前排充当鼓掌喝彩的“啦啦队”。这与现代民主国家的选举已经很相似了。

公民大会每年要召开40次，每次不过几个小时，有时很难对城邦政治产生实质上的影响，有时却容易被别有用心的人利用。由于公民大会采取大范围内的集体决策，按照少数服从多数的原则来决定国家大事，就难以避免盲目性。公民毕竟不是专家，对很多方面的情况都不了解，即便讨论再充分，也容易草草做出表决。而且，公民大会在表决时只注重多数人的观点，而忽略了少数人的意见，更不懂得保护少数人的发言权，而多数人的意见不一定都是正确的。在伯罗奔尼撒战争中期，公民大会讨论是否要入侵西西里。大多数公民都不知道西西里的具体情况，但还是支持入侵，结果给雅典城邦带来了灾难性的失败。

城邦文明

雅典民主制最大的特点，在于其实行直接民主，公民大会就是极好的典范。城邦的一切机构，如500人会议、贵族会议、执政官等，都隶属于公民大会。公民大会由与会公民按照少数服从多数的原则做出决议，不可轻易改动。

雅典之所以能实行直接民主，主要有两点原因：第一，雅典城邦小国寡民，经济上自给自足。虽然工商业有所发展，但仍以农业为主。这使得雅典公民生活比较悠闲，有大量空闲时间参加城邦的政治大事。第二，雅典公民具有一心为公的传统美德，这是直接民主得以发展的道德基础。这种朴素的道德观让公民为了城邦的利益可以放弃个人的私利甚至生命，并通过取消公民权来惩罚无视城邦利益的人。执政官伯里克利甚至认为，参与公共事务的人无须多少政治才能，只要具备一切从城邦利益出发的高尚道德情操就够了。

与此同时，雅典的法律鼓励公民参加政治活动。梭伦曾经制定过一项特别法令，规定在发生内争之时，公民必须选择加入一方，否则将失去公民权利。伯里克利则为担任公职的人发放公职津贴，在经济上提供支持。

这种直接民主制虽然加强了城邦的凝聚力，却也有极大的局限性。它只适合于人口不多的城邦，如果人口增加，城邦就只能通过限制公民权来维持这种政治制度。对于雅典来说，只有成年男子享有参政的权利，妇女和奴隶无权干政。对于儿童来说，只有父母双方均为雅典公民，才能享有公民权。只有父亲或母亲一方为雅典公民的，孩子就不被雅典所认可。这决定了雅典城邦的保守和闭塞，也使它无法成为帝国的缔结者。

由于以上种种原因，雅典的民主制又被称为城邦文明。同时，这种文明形式只适合于城邦，而无法移植到其他国家。

权力的相互制约

雅典除了公民大会之外，还设置了其他机构，分工明确。500人议事会是公民大会的常设机构，负责准备议案、管理财政、监督国家行政部门的日常事务，是雅典的最高行政机关。不过，500人议事会只是一个办事机构，并没有决策权。公民大会做出的决议，由500人议事会负责实施。官员的任职资格由陪审法庭负责审查，卸任时还要做述职报告。陪审法庭又叫作公民法庭，是雅典的最高司法机关和监察机关。雅典共设立了十个陪审法庭，由年满30岁的男性公民通过抽签来担任陪审员，任期为一年，不能连任。陪审法庭主要负责审理一般的民事和刑事案件，并审查行政官员的任职资格。陪审法庭的判决就是最终判决，任何人无权更改。

除了将军之外，任何人都不能同时担任两个职务，也不能连续两次担任同一职务。而且，雅典采取轮流参政的办法，每年有1/6的雅典公民可能担任某种官职，而1/3的公民一生中有机会被选入500人议事会。这样的制度设计，没有给人留下专权的空间。

^ 倾听哲学家们的辩论也是雅典人生活的乐趣所在。

不过，雅典虽初步形成了立法、司法、行政三权分立的制度架构，但分工并不够明确。行政机关和司法机关处于立法机关监督之下，要对立法机关负责。但立法机关的有些决议还需要司法机关批准，才能付诸实施。500人议事会本来是行政机构，却又有一定的立法权和司法权。陪审法庭主要职能在于司法，却也有一定的立法权。执政官在行使行政权力的同时，也要行使部分审判权。雅典民主政治就呈现出了权力交叉的特点，显得权责不清。从好的方面来看，这三个机构互相制约、互相分权，避免了有人操纵政权之虞。

与此同时，雅典民主制还设有严格的监察制度。除了官员任职前要接

受资格审查之外，任职期间也要接受信任投票的考验，如果受到反对，就必须到陪审法庭受审，只有法庭认为他没有过错才能官复原职。官员离任时，会有专人对其在任职期间的财产进行审查，如果有不正当的财产来源，就会被法庭判处非法所得的10倍罚金。

民主政治的影响

客观地说，民主政治推动了雅典城邦文明的前进。在这样宽松的氛围下，雅典的学术文化空前繁荣，哲学、伦理学、美学、逻辑学、法学等学科都有极大的发展进步。一批从事精神活动的有识之士相继涌现，如柏拉图、苏格拉底、亚里士多德哲学三杰，著有不朽名著《历史》的希罗多德，戏剧家埃斯库罗斯、索福克勒斯等人，都为雅典文化做出了杰出的贡献。

值得一提的是，伯里克利执政期间，由国库出资，为公民发放观剧津贴，鼓励公民去剧场观看戏剧表演。戏剧事业因此而繁荣起来。希腊至今仍保留着一些规模宏大的圆形剧场的遗址，可以容纳大量观众。

另一方面，民主政治也为雅典经济的发展清除了障碍。雅典的手工业、航海业和种植业都有所发展，这又刺激了对外贸易的扩大。橄榄油和葡萄酒成为对外贸易中最受欢迎的商品。同时，阿提卡的银矿、黏土等矿藏为手工业者提供了绝好的原料，银器和陶器也成为上层社会的必需品。民主政治让公民日趋获得自由、独立的身份，助推了商品货币关系的形成。

雅典的民主制对后代产生了深远的影响。现在西方国家普遍实行的民主制度，都或多或少保留着雅典民主制的特色。

VISIBLE HISTORY OF THE WORLD

关键词：僭主 / 夺权

僭主庇西特拉图传奇

■ 约公元前 600 年 ~ 公元前 527 年

庇西特拉图是一位传奇式人物，他出身贵族，却倾向平民，其后又成为一个专制者。他三起三落，屡败屡战，终于凭借顽强的毅力成为雅典的一代僭主。他实行独裁统治，却得到雅典人衷心的爱戴和拥护。

山地派领袖

古希腊贵族阶层中流行联姻，所以许多政坛名人之间都有亲属或姻亲关系，梭伦和庇西特拉图（约前600—前527）是堂兄弟（一说是舅甥关系）。庇西特拉图的才智虽比不上梭伦，但更有实干精神，也更具有野心。

早在梭伦执政期间，雅典便分为了三个政治派别：平原派、海岸派和山地派，不同的派别代表着不同阶层的利益。平原派的成员主要是在平原地区占有大量良田的贵族，他们的首领是吕库古。海岸派的成员是与海上贸易密切相关的工商业者，阿尔克门尼德家族的美伽克勒斯是这一派的领导者。阿尔克门尼德家族被放逐后，没多久又回到了雅典，并重新夺回了在贵族中的地位。山地派的成员是相对而言比较贫苦的手工业者、农民等下层民众，其中也包括许多雇工，基本上是工农阶级。他们身处社会的底层，遭受的压迫最深，对贵族统治的局面最为不满，要求改变政局的呼声也最高。

庇西特拉图虽然是贵族出身，但是他关注山地派的发展，并积极地加入他们的斗争活动中，成为山地派的领袖。对于他加入山地派的原因，后人众说纷纭，有人说他同情下层民众的民生疾苦，立誓为他们争取权利，也有人说他纯粹看中了这股强大的政治力量，其他两派早已被其他贵族或富人所控制，他不容易挤进去竞争，只好选择了山地派。

梭伦离开雅典后，这三个派别的斗争愈加明朗化了，甚至出现了暴力冲突。梭伦后来回到了雅典，但是年事已高的他已经无力控制局势。他曾经试图与各党派领袖谈判，希望他们和解，结果却以失败告终。三个党派的领袖依然尊重这位德高望重的老人，但是权力的争夺不是说停止便可以轻易停止的。

梭伦本人十分反对僭主政治。在他执政期间，曾经有人提议让他自己来当僭主，但是被他一口拒绝了。有些人认为他的推辞是懦弱、怕事的表现，无论别人怎么说，他还是坚持自己的原则。后来，梭伦察觉出了庇西特拉图企图当僭主的意图，便劝说他，但是庇西特拉图并不以为然，没有听从他的劝告。

夺权行动

为了实现自己的政治野心，庇西特拉图一方面以极大的强势和魄力打击平原派和海岸派，壮大自己的势力；一方面倾心塑造自己公正、严明、慈善的领袖形象，赢得了全雅典人的爱戴和拥护。渐渐地，他的声名更加显赫，成为政坛中重要的政治人物。但是这远不是他的目标，他希望站

< 这件古希腊人制作的精美黑绘陶器上画的是大力神赫拉克勒斯的 12 件功绩之一——活捉野猪的场面。

得更高更远，他不仅要做几巨头之一，还要做唯一的巨头。

庇西特拉图静静地等待时机的成熟，待到他在雅典人的心目中建立起威信之后，他便决定采取行动了。一天，他故意弄伤了自己，然后驾车来到广场上，把伤口展示给大家看。他声情并茂地控诉政敌因为政见不和竟想要刺杀他，又说他为了民众的利益寝食难安，得来的却是这种结果，实在是太令他寒心了。他精彩的表演博得了雅典人的同情，民众鼓噪起来。最后，他请求为了他的安全着想，人们应当允许他建立一支50人的卫队来保护他。梭伦当众揭穿了他的骗局。可是雅典人还是选择了相信庇西特拉图，让他组建卫队。当梭伦发现一部分人已深受庇西特拉图迷惑，而另一部分人慑于庇西特拉图的淫威不敢反抗时，叹了一口气，说道："我比前一类人聪明，比后一类人勇敢。"随即离开了广场。

^ 女爱神阿佛洛狄忒和植物神阿多尼斯

古希腊传说中的植物神阿多尼斯是有名的美男子，有着如花一般俊美精致的五官，令世间所有人与物，在他面前都为之失色，连爱神都对他倾心不已。

庇西特拉图以卫队为基础，加强训练，并擅自增加人数，操练出一支战斗力强大并只服从于他的亲

兵卫队。公元前560年，他亲率卫队占领了雅典卫城，当上了僭主。事变成功后，美伽克勒斯和阿尔克门尼德家族马上逃离了雅典，有人劝梭伦也离开这个是非之地，但他拒绝了，执意留在雅典。不过后来庇西特拉图对他这位亲戚还算以礼相待，曾在很多方面咨询过他的意见。

庇西特拉图没有维持住他的权力太久。不久，海岸派和平原派联合起来推翻了他的统治。但是海岸派和平原派貌合神离，赶走庇西特拉图后，他们又互相争斗起来，统一战线很快破裂了。

^ 宙斯神庙始建于公元前6世纪，是为祭祀宙斯而建，也是古希腊时代最大的神庙之一。

东山再起

海岸派的领袖美伽克勒斯为了扳回败局，建议庇西特拉图与他的女儿结婚，并承诺将帮助庇西特拉图重新夺回政权。庇西特拉图同意了，于是他通过联姻获得海岸派的支持，回到了雅典，又当上了雅典的统治者。

然而坐稳宝座后，庇西特拉图就毫不犹豫地遗弃了美伽克勒斯的女儿。美伽克勒斯愤恨不已，认为庇西特拉图过河拆桥，严重地侮辱了他，于是再一次联合平原派将庇西特拉图逐出雅典。

经过两次挫折之后，庇西特拉图静下心来，认真地总结经验教训，以图东山再起。他精心经营在色雷斯的矿藏，获取充分的资金来建立军队。经过了十年的准备策划后，在国内外势力的配合下，他打败了雅典军队，再一次回到了雅典。这次他再也没有离开，没有人能撼动他了，他在僭主的宝座上坐了近20年，直到逝世。

庇西特拉图为了赢取民心，还玩了一个小花样。他率军进城时，派一位美艳绝伦、身材高挑的女子手持武器站在战车上，女子的容貌和服饰都与神庙中雅典娜女神的雕像很相似。庇西特拉图告诉雅典民众，她就是雅典娜女神，因为女神在凡人中最敬重他，所以亲自护送他进城。雅典人相信了，纷纷跪地迎接，从此对庇西特拉图的统治心悦诚服。

僭主生涯

庇西特拉图夺取政权的手段是激烈的，但是他的僭政却是公正温和的。他并没有废除梭伦的立法，反而比较彻底地贯彻了梭伦的立法精神，他本人也表现出了对法律的遵从。当时有一个人控告他谋杀，他完全可以不理会，甚至将那人置于死地，然而他亲自前往最高法院解释，指控他的人却反而不敢出现。

为了打压贵族势力，保护农民利益，庇西特拉图做出了大量的努力，在这方面，他比梭伦激进。当时惧怕于庇西特拉图的报复，许多贵族选择流亡，还有一些贵族被强制放逐。他将这些流亡贵族的土地分配给没有土地或者只有少量土地的农民，并降低了农业税，还贷款给缺少资金的农民，帮助他们购买农畜、农具等，从而提高劳动生产率，增加农民的收入。他还设置了巡回法庭，下到农村就地处理诉讼事件，以节省农民的时间和精力。有时候，庇西特拉图也微服私行，亲自到农村去访察民情。

在工商业方面，庇西特拉图大力发展海上贸易，雅典精美的瓷器远销海外，甚至到达了埃及；造船业也蓬勃发展，为雅典的海军建设打下了坚实的基础。在城市规划方面，庇西特拉图也有许多举措，他兴建修葺了一些神庙，建立起不少宏伟华丽的公共建筑。为了改进雅典的供水状况，他开凿了一条水渠，将山泉水直接引入雅典城内。此外，他在文化方面也做出了贡献，力邀古希腊其他城邦的诗人、作家等文人名士前来雅典访问。他对宗教节日

^ 公元前400年的古希腊大理石雕贝壳

^ 波提切利作品《维纳斯的诞生》，表现了女神维纳斯从爱琴海中浮水而出的唯美情景。

也特别热心，不仅以更大的规格来举办泛雅典娜节，还促使本来只是地方节日的酒神节成为雅典的全国性节日。

雅典僭主的终结

庇西特拉图于公元前527年去世。在逝世之前，他将僭主之位传给了长子希庇亚斯，其次子希帕尔科斯也占据了重要职位。雅典人对他这种专横的做法虽然感到不满，但是也接受了。希庇亚斯的统治是温和的，他继承了父亲的做法，所以在一段时间内得到了人们的爱戴，但是一件谋杀案改变了一切。

公元前514年，在泛雅典娜盛会上，希帕尔科斯被两个刺客刺杀，不治身亡。弟弟的死亡使希庇亚斯深受触动，他害怕自己某一天也会突然被谋杀。于是他加强了对雅典的统治，不允许除了军人之外的人拥有武器，并且大举迫害政敌，整个雅典笼罩在白色恐怖之中。

自由惯了的雅典人忍受不了希庇亚斯严厉残酷的统治，贵族也不能容忍他变本加厉的夺权。公元前510年，雅典贵族联合斯巴达人发动武装政变，希庇亚斯不敌败北，其家族成员被困在卫城里。后来雅典人捉捕了他的孩子作为要挟，命令他立即投降。为了孩子的安全，希庇亚斯和雅典人签订了协议，同意在孩子安全返回的情况下离开雅典。希庇亚斯的离开宣告了庇西特拉图家族僭主政体的结束。希庇亚斯从此流亡海外，后来投靠了波斯。

庇西特拉图统治的20年时间，是雅典发展史上的重要时代。在这个时期，后来雅典赖以称霸的经济、文化和政治基础得到充分的发展。作为僭主，庇西特拉图虽然有专横独断的一面，但是客观地讲，在雅典体制初建立的时期，这种专政是有必要的。正是因为他，有关于民主的规章制度才能巩固下来，他的功绩无疑会被后人铭记。

历史断面

僭主政治

僭主政治是古希腊城邦时期一种特殊的统治方式。僭主是指通过暴力等非法手段（非合法选举）推翻贵族政权，并建立个人独裁统治的篡位者。起初，“僭主”一词并无贬义，只是表示一位独裁专制的统治者。其政绩因人而异，有的僭主政绩卓越，为本国的发展做出了突出贡献，也有残暴酷虐的暴君。

僭主最初出现在商业比较发达的城邦，如科林斯、阿哥斯、麦加拉、雅典等。就目前所知，古希腊的第一位僭主是阿哥斯的斐冬。这些僭主大多与工商业密切联系，他们当权后往往大力发展工商业，提高商人和手工业者的地位。僭主的死敌是斯巴达。斯巴达政府是寡头统治，因此总是很积极地参与推翻专制君主的统治，古希腊城邦的很多僭主便是斯巴达参与推翻的。

VISIBLE HISTORY OF THE WORLD

关键词：雅典／民主／改革

被“诅咒”的克利斯提尼

■ 约公元前 550 年～公元前 500 年

克利斯提尼是被诅咒的家族的后裔，他和梭伦一样，出身显赫却同情平民。他的父亲在政治斗争中失败，所以他的青少年时代是在流亡中度过的。成年后，他回到了祖国雅典，并为民主体制改革做出了不朽的贡献。

驱逐希庇亚斯

克利斯提尼（约前550—前500）所属的阿尔克门尼德家族是一个可悲的家族。他的曾祖父美伽克勒斯在基隆暴动后被控渎神罪，致使亡者被掘坟曝骨，整个家族遭到流放。过了若干年，雅典人的怒气稍稍平息之后，阿尔克门尼德家族的成员才陆陆续续返回雅典。他的父亲是海岸派的首领，曾经与庇西特拉图进行过激烈的权力争夺，但是后来还是失败了，为了避免受到迫害，家族再一次流亡海外。然而，这个家族从来没有放弃过重返雅典的希望，克利斯提尼也是如此。他时时观望着雅典国内的情况，等待着重返故土的一天。

庇西特拉图逝世之后，希庇亚斯执掌政权。然而这位僭主并不懂得体恤民心，因而引起了雅典人的仇视。克利斯提尼敏锐地意识到，他的机会来了。他悄悄与雅典的贵族联系，密谋推翻希庇亚斯的统治。但是就其本身力量而言，他们无法对抗拥有军队的希庇亚斯。于是，克利斯提尼想到了利用斯巴达。

斯巴达在推翻僭主的运动中向来是不遗余力的，但是这一次他们对于克利斯提尼的求助感到犹豫。因为雅典不是一个弱国，如果武力逼迫，可能会造成一些不必要的损失，所以他们去询问德尔菲神庙的神谶。神庙的女祭司早被克利斯提尼用金钱收买了，问了几次，女祭司的回答都是“应该解放雅典”。斯巴达人听从了神的旨意，出兵攻打雅典，并成功地驱逐了希庇亚斯。

^ 红绘陶器

器身上的画面繁复但不失和谐，表现了古希腊人对太阳神的崇拜。

党派斗争

希庇亚斯被驱逐后，斯巴达人不久也撤离了雅典。在这次政变中，克利斯提尼的功劳最大，他本人也踌躇满志地准备成为新的国家领导者。但是他的政敌——贵族伊萨哥拉斯抢了先，当上了执政官。伊萨哥拉斯害怕受平民拥戴的克利斯提尼反对他，于是勾结斯巴达人驱逐克利斯提尼。斯巴达国王克里昂米尼借口净化“被诅咒的家族”，派兵公然干涉雅典的内政，克利斯提尼被迫逃亡。

然而伊萨哥拉斯也由于此举彻底失去了民心，雅典平民不愿看到斯巴达人在自己的城市里作威作福，于是联合起来把他们赶了出去。试图恢复贵族寡头统治的伊萨哥拉斯也遭到了雅典人民的驱逐，只好灰溜溜地跟着斯巴达人走了。平民赶走了他们之后，迎回了克利斯提尼。这一次，克利斯提尼以胜利者的姿态回到了雅典。这不仅是他个人的胜利，也是整个阿尔克门尼德家族的胜利。

克利斯提尼的改革

经过一番激烈的政坛角逐之后，公元前507年，克利斯提尼成了雅典的首席执政官。掌权后，克利斯提尼深刻地意识到，只有改变当前的体制，他才不会再陷入落荒而逃的境地。他最有力的靠山是平民，而根据现行的法律制度，国家的政治权力全部掌握在贵族手中，平民再有力量也不能直接帮助、支持他。因此他决定进行重大改革，力图每个人都能平等地参与政治。克利斯提尼改革的力度和规模都非常有力彻底。

公元前4世纪古希腊实施“陶片放逐法”时所使用的陶片。

首先，他改革的第一步也是最重要的一步就是组建10个地域部落。在雅典的历史上，有4个以血缘为基础的传统部落。这种家族形态的部落很容易产生一个世袭联合的政治团体，克利斯提尼决心打破这种政治垄断。

他撤销了4个传统部落，然后将阿提卡地区分为30个区域，其中10个在沿海，10个在内陆，10个在雅典城邦及附近，并从中各抽出1个组成1个部落。每个部落下面又有数目不等的村社。村社是城邦的基础单位，每一个雅典公民都必须在村社里登记户口。异邦人所居住的地方也被编入村社。克利斯提尼有限度地接受了一些异邦人成为雅典公民。如此一来，城邦便从上到下掌握了成年男子的情况，能够对于服兵役、选举等公共事务做出规划。原有的血缘氏族仍然存在，但是重划选区使氏族失去了政治上的意义，摧毁了贵族世袭的权力。

^ 公元前4世纪时印有阿蒂卡、爱神和狄奥尼索斯图案的古希腊陶罐。

其次，废除400人议会，改建500人议会。部落数目的改变自然而然也会导致议会人数的变化。从前议会人数有400人，现在增加到了500人，每个部落50人，按照人口比例从村社中选举，不分社会等级。人员从年满30岁以上的男性公民中抽签产生，任期为一年。

但是对于处理日常事务而言，500人似乎太多了，也过于浪费人力物力。于是规定成员按部落分为10组，每组轮值，任期是一年的1/10时间，负责召开公民大会处理日常行政事务，或执行其他重要行政事务。此时，作为最高行政机构的公民大会也不再徒有虚名，而是确实地在城邦的公共生活上发挥了重要的作用。

最后，成立十将军委员会。从每一个部落中选出一个人，共同组建将军委员会。将军经由选举产生，可以连任。战时负责向城邦提供一定数额的士兵（包括骑兵、步兵和水兵），并作为头目管理这些兵勇，和平年代则负责组织锻炼民众的身体素质。实质上，将军成了每个部落的军事执政官。后来，将军的地位和权利不断上升，往往成为城邦的实权人物。

至于原有的九名执政官，他们的头衔仍然存在，只不过选举方式从推选变成了抽签，而且不再只是贵族的特权。

陶片放逐法

除此之外，克利斯提尼还发明了"陶片放逐法"。雅典地小人少，只要掌握一定的力量便有可能发动一次政变，基隆暴动和庇西特拉图第一次夺权便是先例。雅典的贵族和平民已经彻底厌恶了僭主的存在，他们决定不给任何人可能成为僭主的机会。克利斯提尼希望扼杀政变于摇篮中，所以他赋予城邦一种特殊的权力，那就是不经由特别的指控、审判和辩护即可将他们认为有危险的公民流放国外。

步骤是这样的：议会和公民大会通过一个特别的投票来决议是否需要采取陶片放逐法。如果投票结果显示有此必要，那么就会定下一个投票日，并选择一个场所。届时将场地严格保护起来，只开放10个入口，一个部落的人从同一个入口进出。每个公民都要在一个陶片写下他希望放逐的人的名字，然后投进投票箱。

投票随后会被收集起来进行统计，如果总体票数超过6000票，那么这次投票就宣布有效。然后由执政官分别记录姓名，得票最高的即被宣布放逐。他必须马上回家收拾行李，10天内离开雅典。其他害怕自己被放逐的公民就会松了口气，然后又开始提心吊胆地等待明年的投票。被放逐的人无权为自己辩护，最好的办法是离开，放逐的年限是10年，后来改为5年。

在放逐期间，其公民权和财产权保留，回到城邦后自动恢复。一般而言，被放逐者必须达到年限之后才能回国，不过也有例外，因为被放逐的人大多是社会的中坚力量，所以在关键时刻尤其是战时，城邦便会紧急召回他们。自从雅典实行陶片放逐法后，其他城邦也争相效仿，只不过有的用贝壳，有的用木片，也有的用橄榄叶。

^ 公元前300年时期古希腊撒丁岛阿尔忒弥斯神庙的大理石柱。

第一个牺牲品

克利斯提尼的改革是平民的胜利，自然会触动贵族的利益。贵族向斯巴达人求助，斯巴达国王克里昂米尼恼恨前次所遭受的失败，试图将伊萨哥拉斯拱上僭主之位。他联合其他城邦，率军兵临城下，威胁雅典。克利斯提尼被迫离开。但是斯巴达的盟国不愿看到斯巴达征服雅典后取得绝对霸权，于是退出了战争。后来斯巴达的两位国王也发生了

^ 古希腊妇女的家居生活

争执，克里昂米尼无奈只好退兵。人民拿起武器打退了剩余的进犯者，迎回了克利斯提尼。后来在斯巴达人的干预下，雅典的政坛又是一波三折，斗争不断。

为了消除斯巴达对雅典的威胁，克利斯提尼做了一件不明智的事情，他决定和波斯人结盟。克利斯提尼亲自率领使团与波斯总督会晤。总督答应给予他们援助，只要他们同意向波斯国王双手奉上雅典的土和水。意思很明显，也就是说用雅典成为波斯附属国的方式来交换援助。克利斯提尼答应了，然而这种丧权辱国的条约遭到了雅典人的普遍反对。回国后，克利斯提尼成为他所创立的陶片放逐法的第一个牺牲品，被赶出了雅典。

克利斯提尼虽然个人招致失败，但是他的改革却完整地保留了下来，并被成功地运作。他的改革比梭伦大大前进了一步，基本完善了梭伦初步建立的民主政体。不过，克利斯提尼的改革范围基本上是政治体制，没有涉及社会生活其他方面。

德拉古的立法，梭伦的除旧布新，庇西特拉图的变革，克利斯提尼的彻底改革，这一系列的体制改革和完善，最终导致了雅典民主的产生。这种民主在人类历史上是空前绝后的，人人参与的程度即使是现代的民主社会也是罕见的。经由几代人的不懈努力，雅典开始迈入了辉煌时代。

历史断面

被禁锢的古希腊妇女

在古希腊，有许多城邦实行民主制，但是这些所谓的“自由”“民主”都是针对自由的男性公民而设的。古希腊大多数城邦的妇女过着“大门不出，二门不迈”的生活。她们的职责是生育后代。以雅典为例，妇女虽在名义上享有“公民”的头衔，但只是为了她们生育下一代公民制造合法性罢了，她们自身在政治上没有丝毫权利。几乎所有的妇女都被限定在家庭的小圈子内，在正式的社会生活中看不到她们的影子。当时妇女在法律上没有个人行为能力，必须由男性亲属作为监护人，年轻时是父兄，婚后是丈夫，丈夫亡后是儿子，与中国古代对妇女要求的“三从”如出一辙。

VISIBLE HISTORY OF THE WORLD

关键词：雅典 / 政治家 / 改革

耀眼的“伯里克利时代”

■ 约公元前 495 年 ~ 公元前 429 年

雅典的强盛与繁荣是与一个伟大的政治家分不开的，他的名字是伯里克利。在他执政的数十年间，雅典的政治、经济、文化、学术、思想全面蓬勃发展，因此被称为“黄金时代”，也称“伯里克利时代”。以一个人的姓名命名一个时代，除了荷马，只有伯里克利能享此殊荣。

温和待人的伯里克利

伯里克利（约前495—前429），出身于雅典名门望族。他的父亲山提波斯是雅典舰队的指挥官，母亲阿迦里斯特是改革家克利斯提尼的侄女。伯里克利身材高大，体格健硕，唯独头颅较长，显得有点突兀。当时敌视他的人都称他为“葱头”，并取笑说他硕大无比的脑袋里能安置11张睡床。我们今天所看到的伯里克利的肖像头上大多戴着一顶头盔，据说是画师们不愿意有损于他的形象，特意加上去的。

伯里克利天资聪颖，自幼接受过哲学、政治、音乐、体育等方面的良好教育和训练。他的言行举止彬彬有礼，性格温文儒雅，沉着冷静，几乎从不发脾气。有一次，一个怀有恶意的人在城市中心的市场公开辱骂他。

伯里克利一言不发。傍晚时分，当他回家时，那个人还是紧跟着他辱骂不休。伯里克利回到家，见天色已晚，竟吩咐仆人打着火把将辱骂他的那个人送回了家。

在古希腊，特别是雅典，要进军政界必须拥有出色的口才，而伯里克利正是一个天才的演讲家。面对不同的场合，他的演讲或朴实或华美，充满了说服力和震撼力。修昔底德（与历史学家修昔底德同名的政治家）是他的政敌。斯巴达国王曾问修昔底德，他和伯里克利摔跤谁胜谁负。修昔底德风趣地说："我把他摔倒了，但是他辩称他没有摔倒，结果观众被他说服了，所以应该是他赢了。"

进入政坛

伯里克利的青少年时代是在希腊同盟抗击波斯侵略者的岁月中度过的。他对局势有着冷静的分析，同时也怀着热切的爱国心极欲参加到政治当中。公元前472年，伯里克利出资承办悲剧作家埃斯库罗斯所著《波斯人》一剧的演出，从而声名大噪，为他踏入政坛做好了准备。

当时在雅典政坛上，贵族派和民主派的斗争十分激烈，站在贵族派这边的是阿里斯提德、客蒙、修昔底德，拥护民主派的则是地米斯托克利、埃菲阿尔特。双方的交锋互有胜负，阿里斯提德和地米斯托克利先后被放逐，后者还被缺席判处死刑。伯里克利进

伯里克利像

入政坛时，阿里斯提德已经谢世，地米斯托克利投奔了波斯，两派政治势力仍然相互倾轧。

伯里克利虽然出身贵族，却对民主政治抱有深切的好感。公元前466年，他正式加入了以埃菲阿尔特为领袖的民主派。埃菲阿尔特家境贫寒，是靠着战功起家的。他致力于改革政体，促使更多的平民百姓能参与到政治事件中。伯里克利受他的影响，逐渐成长为一名具有远见卓识、刚毅果敢的青年政治家。

这件雅典娜的雕像是罗马人用大理石摹制的复制品，原件为伯里克利时代的雕刻家菲狄亚斯所作。复制品尚有强烈的崇高感，其原件在当时定然令人惊为神迹而顶礼膜拜。

民主改革

公元前461年，埃菲阿尔特和伯里克利联合将对手客蒙放逐，掌握了雅典的政权。同年，因为执行的措施过于激进，遭到了反对派的仇恨，埃菲阿尔特被暗杀。他死后，伯里克利成为民主派的领导者。

伯里克利的廉洁奉公、刚正不阿和坚毅冷静，赢得了雅典人的爱戴和尊敬。公元前444年，他放逐了政敌修昔底德，如此一来，贵族派的重量级人物全被驱逐出了雅典。公元前443年，伯里克利在雅典政坛中占据了主导地位。从这一年起，到公元前429年的10多年里，他几乎每年都被选举为首席执政官。

伯里克利的严谨务实在当时是出了名的，据说他每天的路线只有两条，不是去市场，就是去议事厅，而且从不应别人之邀赴宴。他雄健的体魄、高人一等的身材和崇高的地位，使他又获得了一个新绰号——奥林匹斯山之巅的宙斯。

伯里克利上台之后的第一个举措是继续埃菲阿尔特未完成的改革。在前人改革的基础上，他进一步确定了民主宪法，主要包括以下内容。

^ 阿波罗与缪斯女神

在古希腊神话中，缪斯女神实际上是天神宙斯的 9 个女儿，她们每人分管从绘画到音乐等诸多艺术中的一种，并能够激发艺术家们的创作灵感。

首先，确定了公民大会的崇高地位。伯里克利明确规定公民大会是最高立法机构，拥有对高级官员的任免权，以及对战争等国内外事务的最后决定权。元老院大部分的权力被剥夺，只审理带有宗教性质的案件和事务。更重要的是，元老院成员的终身制被打破，一些不称职的元老可以经审议剥夺其成员身份。

其次，官员的选举向各阶层开放，公元前457年后，第三等级公民取得担任执政官的资格，第四等级公民后来事实上也被允许担任此职。雅典全体男性公民基本上都获得了不受财产限制，通过抽签、选举和轮换而出任各级官职的权利和机会。

再次，为了更好地让广大民众实行自己的政治权利，伯里克利执行了公薪制。最初，只发给陪审法官每日生活津贴，后扩大到大多数公职，不过十将军是自始至终没有薪水的。因为公薪制的实行，那些为了生活整日奔波的贫穷公民终于可以腾出手来参加政权管理了。伯里克利还创立了“观剧津贴”，发给观众购票观剧。此外，政府还定期向贫困家庭发放粮食。

最后，严格限制取得雅典公民身份的范围。公元前451年规定，凡父母双方皆为雅典公民者方能获得雅典公民权。但是这一条法律后来却是被制定者伯里克利本人打破的。多年后，雅典被一场大规模的瘟疫袭击，许多人悲惨地死去，其中包括伯里克利与其雅典籍妻子所生的几个儿子。为了让他与第二任妻子（非雅典籍）所生的儿子取得公民权，他请求公民大会废除这条法律，不然他的门第就无人继承了。雅典人基于对他的崇敬和同情，同意了他的请求。

雅典利益至上

在对外政策方面，伯里克利以扩大雅典的势力和利益为根本原则和最高目标。在希波战争的后期，提洛同盟实际已经依附于雅典，其金库也受到雅典的掌控。伯里克利不遗余力地维护同盟的存在和雅典的霸主地位。公元前454年，雅典在埃及惨败于波斯，一些盟邦在波斯支持下脱离提洛同盟。伯里克利一方面召回骁勇善战的老将客蒙对抗波斯，一方面严惩这些城邦，强迫他们再次加盟。他还派出军队和监察官，建立宣誓效忠于雅典和民主政体的傀儡政府。同盟会议此后不再召开，由雅典单独发号施令处理有关事务。雅典牢牢控制了提洛同盟，并以此为依据，扩张自己的势力范围。

^ 雅典卫城的著名建筑之一，伊瑞克提翁神庙。传说这里是女神雅典娜和海神波塞冬为争做雅典保护神而斗智的地方。

伯里克利还将提洛金库从提洛岛直接迁到雅典，金库事实上成了雅典的国库。他运用金库为雅典人大发福利，前面提及的公薪和各种津贴，有很大一部分是从金库里面拿出的。

组织重建雅典

在希波战争期间，波斯军队曾经两次洗劫了雅典，卫城也被破坏。公元前449年，伯里克利利用金库的资金，聘请了许多著名的建筑家、雕塑大师和各行各业的能工巧匠，大规模重修了雅典卫城及山下的公共建筑。先后兴建了帕特农神庙、雅典卫城大理石的宏伟山门和雅典娜·尼克神庙，以及附

^ 帕特农神庙

坐落在雅典卫城山顶的帕特农神庙，是伯里克利时代的建筑杰作，也是这个辉煌时代的象征。

属于这些建筑的各种塑像浮雕。这些建筑雕塑精美绝伦，都是千古不朽的艺术杰作。当时修昔底德抨击伯里克利大兴土木，挥霍公款，滥用国家财产，把税收用得一干二净。伯里克利在公民大会上询问公民他花的是不是太多了。公民答“是”。他说道，那么他准备用自己的私人财产支付这笔费用，并在公共建筑的碑文上注明是他捐赠的。公民便大声叫嚷起来，让他尽管从国库里取用，花得一个子儿不剩也行。

伯里克利的权势显赫，但是他从来没有利用手中的权力牟取私利，也没有用专制独裁对抗民主政治。伯里克利的第一任妻子是雅典人，后来他遇上了才貌双全的阿斯帕西亚。他与雅典妻子离了婚，娶了阿斯帕西亚。阿斯帕西亚是米利都人，姿容美丽，风度优雅，聪慧过人，受到苏格拉底的推崇，不少哲学家和艺术家都是她的座上客。然而因为她的异邦人身份，伯里克利的政敌时常攻击她，后来还诬蔑她犯下“渎神罪”。阿斯帕西亚被送上了法庭，伯里克利不是用权力而是用热泪和演讲打动了陪审员的心，救回了妻子一命。

伯里克利的晚期执政

在伯里克利统治的后期，雅典与斯巴达的矛盾冲突加剧。伯里克利与亲斯巴达的客蒙恰好相反，他一点也不掩饰对斯巴达的厌恶，曾经派出舰队绕行伯罗奔尼撒半岛一周，对斯巴达构成了明显的军事压力。公元前446年，雅典与伯罗奔尼撒同盟缔结30年和平条约。但是在此期间，斯巴达对雅典的不断扩张感到不满，双方的矛盾越来越激烈。最终于公元前431年，雅典与斯巴达的伯罗奔尼撒战争爆发。斯巴达大军压境，伯里克利基于优劣势的考量，决定退守雅典城，将附近的农民全部迁入城内。

然而，意料不到的灾难降临了。公元前430年，雅典突然发生了严重的瘟疫，约1/4的居民死亡。雅典人心混乱，怨声四起，人们把战争的不幸归咎于伯里克利，他被解除了执政官的职务。但是雅典人很快就认识到缺少了他不行，公元前429年，伯里克利再度当选为将军。然而不久后他也被瘟疫夺去了生命。

历史断面

阿波罗的苦恋

小爱神厄洛斯有两支箭，被金箭射中了会使人产生炽热的爱火，如果被铅箭射中，爱火就会马上熄灭。太阳神阿波罗嘲笑他玩的是小孩的玩意。厄洛斯大怒，于是对准阿波罗射了金箭，又将一支铅箭射中河神之女达芙妮。阿波罗立即狂热地爱上了达芙妮，达芙妮却对他厌恶至极，为逃避阿波罗的追求，她变成了一棵月桂树。为表怀念，阿波罗把月桂树枝编成花环戴在头上，这便是桂冠的由来。

VISIBLE HISTORY OF THE WORLD

关键词：斯巴达 / 军事教育

斯巴达：野蛮的文明史

▪ 公元前 8 世纪起

斯巴达的强悍，一直令历代史学家着迷不已。它的魅力，不仅来源于其充满神话色彩的建立方式，更在于其独特的存在和发展方式：一个以传统农业为支撑的落后的经济体，却供养出了一支强大的军队；一个征服南北的国度，却仍然保持着高度节俭的生活作风；一个野蛮、只知作战的文明，却以其干练的语言影响后人。这些看似矛盾的事实，恰恰解释了斯巴达的魅力所在。

大力神归来

斯巴达位于希腊南部伯罗奔尼撒半岛的拉哥尼亚地区，是一块三面环山的马蹄形河谷。因为该地阳光明媚，水源充足，土地肥沃，所以农业比较发达。实际上，斯巴达的本意便是“适合耕种的地方”。时至今日，斯巴达地区也以其柑橘和橄榄闻名于世。

斯巴达的历史可以上溯到公元前16世纪的迈锡尼文明时期，在著名的特洛伊战争中，它曾经扮演过重要的角色，战争之源海伦也是在这里被抢走的。

迈锡尼是希腊神话中“大力神”赫拉克勒斯的故乡，其生母的丈夫安菲特律翁曾是迈锡尼的国王，但后来安菲特律翁因谋杀叔父，不得不放弃王位，携妻子儿女出逃。

到了公元前11世纪，北希腊的多利安人逐渐强大起来，他们声称自己是“大力神”赫拉克勒斯的后裔，迈锡尼原是赫拉克勒斯的故乡，因而理应属于多利安人。凭借这样的口号，多利安人在希腊北部招兵买马，进而大举南下，消灭了迈锡尼人，占领了包括斯巴达在内的南部希腊。

因其所标榜的“夺回赫拉克勒斯领地”的口号，这次著名的多利安人南下又被称作“大力神归来”，这成为后来斯巴达建立的重要条件。

斯巴达的建立与发展

多利安人南下成功之后，原来带兵南下的三兄弟决定抓阄分地，拉哥尼亚地区为老三的领地，但因他已战死沙场，他的领地被两个儿子继承。之后，大量多利安人来到拉哥尼亚，并在富饶的斯巴达地区安家立业。这些定居在斯巴达的多利安人因城得名，被称为斯巴达人。

起初，拉哥尼亚地区群国林立，各国间战乱不断，斯巴达只不过是众多小国中的一个。但是到了公元前8世纪，斯巴达凭借其天然的地理优势以及强大的军事力量，强势统一了拉哥尼亚地区，建立起了统一的、高度军事化的拉哥尼亚城邦。

建立之初，斯巴达由三个原始部落

∨ 古希腊士兵的头盔和甲胄

这套装备是用于武装盾牌兵的头、胸和背部的。

^ 斯巴达的将士们都十分勇猛善战，而且当时斯巴达在对外征战中已经能够熟练使用军事方阵。战斗一般都按照一定的步骤进行，在步兵方阵中，通常是每列8人，每行200列。

组成，每个部落都有自己的军事首领。社会制度采取以血缘关系为纽带的氏族制。后来，随着部落间的相互通婚以及人口迁徙，氏族制度遭到冲击而不复存在，取而代之的是以斯巴达城为中心的五个地域性组织（村社），斯巴达也随之进入了奴隶制社会。

社会形态的变化势必导致政治制度的变化。进入奴隶社会之前，斯巴达采取军事民主制，每个部落的首领在部落会议上都有发言权；进入奴隶社会之后，斯巴达采取了王国统治的形式，即整个国家由一个势力最大的氏族贵族统治，统治者由“首领”逐渐转变成了“王”，王位承袭采取世袭制。

但是后来，和其他城邦一样，斯巴达的贵族逐渐对“王”的独裁统治开始感到不满，他们联合起来，逐步削弱王权，从氏族议会慢慢衍生出贵族议会。接着，贵族议会把持了大权，实行寡头政治。虽然斯巴达“王”的位置依然保留，但是已经失去了实权。

独特的社会与强大的陆军

奴隶制时代的希腊有两个最为典型的城邦，一个是雅典，另一个便是斯巴达。斯巴达全盛之时，是仅次于雅典的全希腊第二大城邦。一般来说，希腊城邦的布局大同小异，地域中心构建一个核心城市，城市周边发展若干个村社。但是斯巴达的布局却不同。

严格地讲，斯巴达根本没有一个核心的城市，在所谓的“城市地带”，不仅没有完整的城市规划，也没有像雅典那样高大华丽的建筑物，有的只是布局松散的简朴屋舍。在历史上，斯巴达从头至尾一直保留了农村的风貌，可以说它实际上是一个农村的集合体。这与斯巴达人朴实无华、直来直去的价值观有很大的关系。

斯巴达是一个农业占主导地位的城邦，凭借得天独厚的自然条件，整个国家在全民皆兵的制度下仍然可以生产足够的粮食，无须从其他城邦进口。

除了农业，斯巴达生产的金属器皿和花瓶也相当精美，广泛出口国外，与外邦有着密切的贸易联系。同时，斯巴达又是一个“闭关锁国”的国家，它没有割断与外界的交流，但是在社会制度与政治制度等方面严格保有自己的传统，不容外界的思想入侵。这与其军事制度是分不开的。

雅典以强大的海军称雄希腊，而斯巴达陆军之凶悍是其他城邦无法与之相提并论的。在公元前431至前404年的伯罗奔尼撒战争中，斯巴达大败雅典，使雅典不得不臣服。

可能有人会问，雅典在当时实行较为进步的奴隶主民主制，而且大力发展工商业和文化教育事业；而斯巴达则实行保守的贵族氏族寡头政治，以农立国，同时又轻视文化的发展。就此看来，雅典的国力应该远高于斯巴达，但为什么在耗时二十多年的战争中遭遇惨败了呢？

实际上，斯巴达军事的强大，与其严格的军事教育制度有着直接的关系。下面，我们将通过一个斯巴达人一生服兵役的经历来体会这一制度。

终身服兵役的斯巴达人

受教育和军事体制的控制，斯巴达人从一出生就开始为战争做准备了。一个男婴出生之后，他的父母会首先将他送到特定的地方，由富有经验的长者组成的委员会代表国家检查孩子的身体。只有那些健壮的婴儿才准许父母抚养成人，畸形儿和过于虚弱的婴儿便会被抛弃到深谷里，因为他们被看作不会打仗、没有前途的废物。

不仅如此，男婴的母亲也会用残酷的方式来考验婴儿的体质。比如，她为婴儿沐浴的时候，不会用水，而是用烈酒。如果婴儿出现痉挛或者抽搐的情况，会被看作身体不健康的表现，不适合抚养；而如果婴儿足够健康，母亲认为烈酒沐浴会增强其体质，为其将来作战打下良好的身体基础。

男孩7岁之前，由父母抚养。父母从来不用襁褓包裹孩子，而是让他自由生长。同时，父母从小注意培养男孩的行为习惯，让他成为不怕黑、不挑食、不哭不闹、服从命令的人，为其即将开始的军队生活做准备。

一到7岁，男孩就要离开家庭，接受国家安排的军事教育。从这个时候起，同龄的男孩就被编入团队，过集体的军事生活，接受统一的训练，遵守统一的法令。在集体里，他们练习跑步、掷铁饼、拳击、击剑和殴斗等，目的是增强勇气和体力。在每一个团队中，军队还要挑选出能力卓越、格斗勇敢的成员作为首领。

集体生活非常艰苦，男孩平时要光脚走路，训练时要赤身裸体，头发还要剪得极短。他们睡觉所铺的干草是自己亲自收割回来的，收割时只能用手，不能借助任何工具，所以孩子们的手常常被草割得伤痕累累。

随着年龄的增长，训练也越来越严格。12岁后，孩子们就不再穿内衣 ，一年只能领到一件外衣，每天训练完毕之后就跳到冰冷的埃夫罗塔斯河里洗澡，即使是冬天也不例外。同时，受训者经常举行演习和表演，国王等一些官员长者还亲自到场观看，鼓励他们进行战斗演习。

有一种演习非常残酷，其基本内容是将团队分成两组，相互搏斗。在搏斗中，双方赤手空拳，浑身没有任何护身的披挂。同时，双方可以拳打脚踢、任意撕咬，甚至允许挖对方的眼睛。经过残酷的搏斗，不管用什么方法，只要打倒对方，便能获得荣誉和嘉奖。

据说，在正式搏斗的前一天晚上，男孩要用小狗来祭神，据说是因为狗机灵、勇猛。祭完神，他们还要同公猪搏斗一次，来检验自己的训练结果，为翌日的决战做准备。

^ 铜制雕塑斯巴达王

14岁开始，男孩就要参加对希洛人（斯巴达的奴隶）的屠杀。他们白天要潜藏在树林或者草丛中，暗暗观察正在劳动的希洛人。一旦发现有过于强健易造成威胁的，或者有造反意图的，便会记录下来，等到天黑之后潜入希洛人的村子，将其残忍地杀死。斯巴达用这种方式来培养男孩的战斗意识，以及对希洛人的冷酷意识。

在7岁至20岁期间，每一年男孩都要跪在月神阿尔忒弥斯的神殿前，接受一次鞭笞。这并不是接受惩罚，而是在训练他们的服从性和忍耐力。每次鞭笞都非常残酷，甚至会有人死去。但是，在整个鞭笞的过程中，他们不许叫喊，更不许求饶，只能面不改色地接受这种虐待。

在饮食方面，团队中饭食的分量很少。首领虽不让队员吃饱，却鼓励他们到外面偷东西。无论是

斯巴达女孩向男孩挑战

18世纪法国画家埃德加·德加取材于古希腊历史学家普鲁塔克的同名作，重新诠释了古斯巴达求婚仪式这一主题。

菜园还是公共食堂，只要能吃的都鼓励他们去偷，偷到了是光荣。如果偷窃时被人抓住了，回来还要挨一顿重重的鞭打，因为他偷的本领不高明。

据说当时有一位少年，偷了一只狐狸藏在胸前，还没有来得及逃开，便被人喝住了，他面不改色地回答别人的盘问，任由狐狸在衣服里面抓咬他，用锐利的爪子扒出他的肠子。为了不让人发现，他强忍着常人无法忍受的剧痛，直到被狐狸咬死。

所以，斯巴达就是通过类似的一系列训练手段培养青少年，使他们具备吃苦耐劳、服从命令和机智勇敢的品格，为其将来的军事生活做铺垫。

到了20岁，斯巴达男性就完成了少年阶段的训练，要被编到正式的军营，接受长达10年的正规的军事训练。这时他们可以留长发了，因为长发被看作是勇猛的象征。

过了30岁，斯巴达人才能结婚成家。然而夫妻二人只能在夜晚悄悄相会，度过一段短短的美好时光后，马上回到军营和其他伙伴一起生活。直到生下孩子，他们才能在白天见面。

结婚并不代表着集体生活的结束，他们必须参加一种称为“斐迪提亚”的公民社团，每团15人，平时一起聚餐，一起扎营，战时就是一个作战的小队。他们还必须每天出操，时时刻刻准备应征入伍，直到60岁退役。

可以看出，斯巴达男性的兵役实际上从刚刚出生便已开始了，一直到60岁退役，60年的严格兵役在世界史上实属罕见。

除了男性，女性也要从7岁开始接受严格的体能训练，这主要是为了让女性强身健体，为将来生育健康的婴儿打下基础。斯巴达人认为，只有身体强健的母亲，才能生出勇猛的战士。

视战争为天职

斯巴达人将战斗看作自己的天职，只有战死的斯巴达人，没有屈膝投降的斯巴达人。斯巴达人将荣誉视为比生命更重要，他们为战争而生，为战争而死。对他们而言，人生最完美的结局就是战死沙场。

据记载，当儿子要去前线征战的时候，母亲会送给他一只盾牌，并对他说："要么拿着它，要么躺在它上面。"意思是，要么好好战斗，要么死在战场上，不允许有其他情况出现。

斯巴达之所以全民皆兵是有历史原因的。在建国早期，为了在拉哥尼亚地区争得一席之地，斯巴达很早就十分重视军事。为了扩张领土，掠夺奴隶，斯巴达开始四处征战，统一了拉哥尼亚地区，还征服了美塞尼亚，使美塞尼亚人沦为他们的奴隶，也是我们刚刚提到的希洛人。

希洛人的人数比斯巴达人多出若干倍，斯巴达时刻面临奴隶起义的危险。为了镇压日益严重的奴隶起义，斯巴达人需要一支更为专业化、更为强大的军队，于是斯巴达人形成了一种独特的政治制度：全民皆兵制。所有的男性公民都必须参军，全部斯巴达人几乎都过着军事化的生活。

斯巴达人不仅不怕战争，而且还十分喜欢战争，他们大概是全世界唯一能从战争状态中获得乐趣的民族了，这并不是因为战争真那么有趣，而是因为一旦爆发战争，斯巴达人才能从平时的备战中暂时解放出来。他们可以对自己的容貌进行修饰，同时生活待遇也好一些，训练也没有平日那么严格了。因此，斯巴达人在上战场时是高高兴兴的，一点儿也看不到对死亡的恐惧。

据说希波战争爆发后，波斯进军希腊，其中的一个关卡温泉关由斯巴达人把守。在开战之前，波斯王薛西斯探听到斯巴达人不但没有加强训练，反而在梳理长发，他觉得很奇怪。一旁熟悉斯巴达人的谋臣却战栗起来，他告诉薛西斯，这意味着斯巴达打算决一死战。

严谨务实的斯巴达人

在长期的军事训练中，斯巴达人养成了简洁的说话习惯，以便于在战争中迅速准确地传递信息。斯巴达人要求他们的子弟语言简明，直截了当。他们厌恶长篇大论，对于充满华丽辞藻的演讲更是深恶痛绝，他们要求言语恰似一把利剑，剑一出鞘，就必中要害，花里胡哨的剑式是多余不可取的。

这里有一个有趣的故事，一个人翻来覆去问斯巴达国王谁是最优秀的斯巴达人，国王被问得厌烦了，说道："最不像你的人。"

擅长演讲的雅典人不理解斯巴达人的沉默。有一次，一位雅典雄辩家说斯巴达人不学无术，斯巴达国王的儿子听到回应说："你说得对，在希腊人中，只有我们斯巴达人一点也没有学会你们的坏品质。"

还有一次，一个国王给斯巴达国王写恐吓信，要斯巴达人听从他的命令，不然就要把斯巴达变成废墟。斯巴达国王看了看信，没说什么，只在上面写了个"请"字，让使者送回去。后来，人们把这种简练的回答叫作"斯巴达式的回答"。

也许是斯巴达人从小只顾埋头训练，很少聊天娱乐，于是养成了少言寡语的习惯。有人说，看到斯巴达人讲话比看到石像讲话还要难。

由此可见，斯巴达人的生活习惯也深受其军事教育制度影响，可以说斯巴达人就是为了战斗而生的。

历史断面

立法者莱库古

莱库古生活于公元前8世纪，是斯巴达国王欧诺摩斯的次子。在欧诺摩斯统治时代，斯巴达的社会矛盾极其突出：贵族之间相互争权夺利，公民不满贫富过于悬殊多次抗争，斯巴达人和希洛人之间也存在严重冲突，国内一片骚乱。

身为王位第一继承人的莱库古登上了王位。他制定了缜密的法律准则，建立起一套严整的社会体系。他逝世后，被斯巴达人当成神灵来崇拜。

关键词：战争／奴役

征服与反抗

■ 公元前735年～公元前455年

弱肉强食，优胜劣汰，这是古代社会最基本的法则。勇武的斯巴达人自然不会隐忍扩张的欲望，他们强悍地将触角伸向邻邦美塞尼亚。尽管他们两邦是同一民族，但这丝毫不能削弱斯巴达的野心。

第一次美塞尼亚战争

美塞尼亚位于斯巴达的西面，面积虽然比拉哥尼亚狭小，但是土地肥沃、物产丰富。它几乎和斯巴达同时建立了国家，只是不像斯巴达那样实行严格彻底的军事训练，因此在军事力量上弱于斯巴达。落后就会遭人觊觎，就要挨打。公元前8世纪，斯巴达人看中了美塞尼亚肥沃的土地，不由分说发动了进攻。美塞尼亚人不甘心束手就擒，奋起抵抗，两国之间爆发了持久的侵略和反侵略战争。

公元前735年，两国边界的驻军发生了一些小冲突，很有可能是斯巴达人挑衅，美塞尼亚人不得不回击。无论如何，斯巴达人借口美塞尼亚侵犯边界，大举兴兵悍然入侵。美塞尼亚全国上下都发动了起来，对侵略者进行反抗。斯巴达军队攻城不下，转而侵略农村，抢夺了大量的牲畜、谷物，并抢掠当地民众做奴隶。后来，美塞尼亚人奋起反攻，战争打了近20年，一直分不出胜负。多年战乱极大削弱了国力，加上饥荒流行，人们生活极端困苦，面对斯巴达的咄咄逼人，美塞尼亚人节节败退。

然而国王阿利斯托德摩斯和他的人民都不希望成为亡国奴，于是决定背水一战。战前，阿利斯托德摩斯派使者向德尔菲神庙询问美塞尼亚的命运，得到的答复是，如果将王室一位纯洁的少女奉献给神，那么美塞尼亚便会取得胜利。为了祈求神灵的保佑，阿利斯托德摩斯忍痛将自己的女儿献祭神灵。美塞尼亚的将士深受鼓舞，士气大振，一举击败斯巴达，并乘胜追击，收复了部分国土。

^ 这幅古希腊瓶画生动地表现了一位奴隶正在艰苦劳作的情景。

斯巴达军遭到重创，在此后较长的一段时间内未能重整旗鼓。当阿利斯托德摩斯以为斯巴达已经放弃进攻时，斯巴达人又吹响了号角。斯巴达人这些天生的战士似乎从来不畏惧死亡。

阿利斯托德摩斯对于美塞尼亚的前景忧心忡忡，于是再次派人询问德尔菲神庙的神谕：最后的胜利属于谁？神谕的答复是：谁最先在伊玛山的宙斯祭坛上呈献100个三脚鼎，谁就是胜利者。

三脚鼎多是用青铜器浇铸而成，阿利斯托德摩斯急忙督促工匠造鼎。斯巴达人却耍了个小花样，他们连夜用黏土制作了100个三脚鼎，赶在美塞尼亚人之前将三脚鼎悄悄地献给宙斯。

阿利斯托德摩斯知道这个消息后认为大局已定，于是垂头丧气，锐气全消。斯巴达人趁机进攻，势如破竹，很快攻占了美塞尼亚的首都。眼看败局已定，阿利斯托德摩斯又悲又愤，在女儿的墓前自杀了，美塞尼亚的大好河山被斯巴达人侵占。除了少数美塞尼亚人远走他乡之外，大多数人都沦为了奴隶，供人如牛马一样驱使，生活于水深火热之中。

^ 装备精良、骁勇善战的古希腊勇士

第二次美塞尼亚战争

没有人是心甘情愿亡国的，美塞尼亚人也是如此。斯巴达人的残暴激起了他们对故国的思念、向往和对敌人的仇恨，他们无时无刻不在盼望着复国。

公元前660年，一位卓越的美塞尼亚青年领袖阿里斯托梅尼斯暗暗联合各地的同胞，并争取到一些城邦的支持，率众起义，这就是第二次美塞尼亚战争。这次战争发生于公元前660年至公元前645年，阿里斯托梅尼斯率领的军队怀着对敌人的仇恨在战场上屡战屡胜，多次重创斯巴达人。

斯巴达人无计可施，使用了最卑鄙的手段，他们收买了美塞尼亚人的盟军首领。在战争的关键时刻，盟军的突然背叛让美塞尼亚人猝不及防，斯巴达人伺机反攻。斯巴达的狼虎之师张开锐利的獠牙利爪，将美塞尼亚军队撕咬得四分五裂。美塞尼亚人伤亡惨重，被迫退守山区，此后又坚持斗争了十几年。斯巴达人步步紧逼，美塞尼亚人最终全军溃败，阿里斯托梅尼斯亡命海外。

斯巴达成功镇压了起义，从此美塞尼亚的土地归斯巴达所有，人民则成为最低等的奴隶供斯巴达人役使。

斯巴达社会的三个阶层

战争陆续打了将近100年，斯巴达人终于把美塞尼亚吞并了。在这个过程中，斯巴达国内的居民逐渐形成三个阶层。

第一，自称“平等人”的斯巴达人是统治阶级，全体成年男性公民加入一种具有军事性质的“平等者公社”。早年约有9000户，每户从国家那里领取一份土地，由奴隶耕作。土地归国家所有，公民仅拥有使用权。

第二，庇里阿西人，即“边民”之意，他们是由斯巴达最先征服的拉哥尼亚人和征服美塞尼亚时自愿投降的美塞尼亚人组成。他们是自由民，每年都需要纳税，也要承担劳役，但是在政治上没有任何权利。庇里阿西人主要经营工商业，也有些人从事农业。

∨绘制在黄金上的古希腊作战图

第三，希洛人，最底层的阶级，主要是顽抗

^ 波斯帝国末年君主大流士三世

不屈的美塞尼亚人。他们要为斯巴达人耕作，向主人交纳实物地租。此外，他们还要为斯巴达人服各种苦役，战时要随军，修桥修路、运输供给。但是他们可以组成家庭，也有部分用具产品供自己支配。

在斯巴达人的铁鞭之下，希洛人流淌的苦泪和鲜血染红了脚下的土地。然而，他们又是不屈的，刚硬和顽强在他们的血液里奔流不息，他们时时刻刻盼望着恢复自由的一天！

在痛苦中挣扎的希洛人

美塞尼亚被斯巴达人征服后，其子民大多沦为了斯巴达的奴隶，被称为“希洛人”。在斯巴达人眼中，希洛人是卑贱的，是所有斯巴达人的公共财产。奴隶主个人不能随便杀害奴隶，但是可以用国家的名义集体屠杀奴隶。希洛人从事着繁重艰苦的农业劳动，每年要把出产物的一半上缴给奴隶主；自己只能过着青黄不接、牛马不如的悲惨生活。

希洛人在数量上比斯巴达人多很多，一般是七个希洛人家庭奉养一个斯巴达人家庭。希洛人如此之多的人口使斯巴达人感到威胁，他们畏惧希洛人会起义反抗，于是用尽种种残酷办法来迫害、消灭他们。最通用的一种方式叫“克鲁普特亚”，就是秘密行动的意思。

当国王或者元老院感到有必要时，便会派青年战士组成行动队到农村去。这些战士白天埋伏在希洛人村庄附近，夜里出来杀死他们所遇到的每一个希洛人。有时他们还会到希洛人干活的农地里，屠杀那些体魄强健、富有反抗精神的希洛人。每年新当选的监察官一上任，首先就要举行对希洛人的“宣战”仪式，以宗教的名义任意杀戮他们。

生活上的艰苦，希洛人尚能忍受；人格屈辱，却让他们忍无可忍。斯巴达人迫使希洛人身穿标志卑贱的衣服，不许他们有任何独立人格的表现。不论有错无错，希洛人每年都要按时挨打，为的是让他们牢记自己的奴隶身份。斯巴达人还常常逼迫他们喝下烈酒，然后将其带到公共食堂，让其他人观看希洛人酒醉发疯的丑态。难怪后来有位罗马作家感叹地说：“在斯巴达，自由人是世界上最自由的人，希洛人是最彻底、最悲惨的奴隶。”

每当发生战争，希洛人还必须服兵役。斯巴达的军队主力是重装步兵，其盔甲、盾牌、长矛等一身武器装备至少有30千克重。希洛人主要为重装步兵服务，行军时为主人携带装备、准备给养；作战时跟在主人身后，用棍棒击杀受伤的敌人，并救护受伤的主人。除此之外，当遇到不明危险时，他们

^ 安基西拉青年人立像

该像因出土于伯罗奔尼撒半岛南部的安基西拉岛附近而得名。

大理石雕像，古希腊神话中司掌农业的谷物女神得墨忒耳。

还被迫组成先锋兵，用自己的生命去探明敌方的虚实，消耗敌方的兵力。

有些希洛人希望通过在战争中立功来赎身，便拼死替斯巴达人作战。在斯巴达与雅典的一次战争中，2000名勇武的希洛人浴血奋战，立下了显赫的战功。斯巴达人给他们戴上花冠，并答应给他们自由。接着，这些希洛人被带到一个神庙中去向神灵谢恩。然而，当希洛人满心欢喜地从庙中出来时，迎接他们的不是自由，而是一场残酷的大屠杀。手无寸铁的2000名英勇、无辜的希洛人全部惨遭杀害。

第三次美塞尼亚战争

反抗和压迫是一对孪生兄弟。当斯巴达人的压迫野蛮残酷到一定程度时，希洛人再也不愿继续忍受了。他们曾经多次进行武装起义，虽然屡次被镇压，但是从来没有放弃过反抗。相反，仇恨之火却在他们的心中越燃越旺。

公元前464年，希洛人利用大地震后的混乱局面揭竿而起。这场大规模的起义迅速席卷了斯巴达全境。希洛人联合起来，拿起武器杀死了压迫他们的奴隶主，并围攻了斯巴达的首都。号称最强战士的斯巴达人竟然束手无策，完全控制不了局势，只好紧急将士兵全副武装起来，并且连忙向宿敌雅典求援。虽然雅典和斯巴达是敌对的城邦，但是奴隶主的利益永远是一致的，雅典派出了雅典军，协助斯巴达人进行武装镇压。其他收到求助的城邦也纷纷派出人马。在古希腊各城邦奴隶主的联合镇压下，希洛起义军退守伊托木山，在那里构筑要塞，建立根据地，与斯巴达展开顽强的对抗。希洛人深知，如果投降，等待他们的绝对是比以往更加残酷的暴行。他们决定背水一战，不是死亡，就是胜利。这场史称“第三次美塞尼亚战争”的武装起义坚持了10年。

希洛人原本是斯巴达的主要耕农，斯巴达人早已脱离农业生产，因此希洛人起义后，大片土地无人耕种。粮食补给不能自足，加上一部分庇里阿西人也跟随起义，斯巴达人面临着四面楚歌的危险。如果不早日解决内乱，外患迟早会接踵而至。

迫于无奈，顽固的斯巴达奴隶主只好与希洛人和解。经过谈判，斯巴达人同意希洛人离开伯罗奔尼撒半岛。在获得自由后，希洛人（此时应该重新改回他们的原称：美塞尼亚人）渡海西进，在意大利的西西里北端落脚，建起了城邦赞克洛伊，此城后改称墨萨拿，即今日的墨西拿。

希洛人经过顽强不屈的反抗，终于从残暴的斯巴达人那里获得了解放。

历史断面

古希腊儿童的启蒙教育

古希腊人对儿童的教育十分重视。以雅典为例，在7岁之前，儿童生活在家里，无论是男孩还是女孩，都由母亲照料，母亲是孩子的启蒙教师。与现代孩子一样，他们也有拨浪鼓、玩偶等玩具，也会饲养一些可爱的宠物。父母从不溺爱孩子，即使是寒冷的冬天，孩子也只穿单薄的衣服，目的是锻炼他们的身体。吃过晚饭后，父母给他们讲述神话和英雄传说，使其对历史充满自豪感，并训练他们彬彬有礼的言谈举止。

专题

一个雅典家庭的一天

⊙自由 ⊙安闲 ⊙淡然

海上的浓雾散去，水天交界处，一轮火红的太阳喷薄而起，第一缕晨曦降临在卫城的雅典娜神庙上。日光慢慢往下移动，城区的屋顶上渐渐蒙上了一层朦朦胧胧的光彩。寂静的街道上陆续出现了几个人影，两边的房屋里传出起身盥洗的声音，雅典新的一天开始了。

繁忙的早晨

雅典地处海边，天亮得很早，所以雅典人普遍起得很早。一般睡得最晚、起得最早的是家庭主妇。天还没有亮她们就起床了，对着青铜镜面，一丝不苟地把头发盘起来。简单整理好自己的仪容后，她们便开始打理家务。她们吩咐奴隶去泉边汲水，为干活的奴隶准备食物，照顾家中生病的奴隶，带领女奴织布，一天下来忙得不可开交。当然，如果是富贵人家的主妇，她便能从具体、繁重的家务劳动中解脱出来，只负责指挥奴隶干活。

紧接着家庭中的其他人也陆续起床了。多数雅典人并没有吃早餐的习惯。洗漱一番后，孩子们去学校上学，男人则出门。雅典的男人除了睡觉、吃饭之外，一天大部分的时间都在户外度过。屋子里是女人的世界，室外则是男人的世界，雅典人对此分得很清楚。

▲古希腊神话中的半人马喀戎

悠闲的雅典人

雅典的公民大概在古代社会时是最幸福的人，他们享有高度的政治自由，而且生活十分优裕。由于有一大群奴隶服侍，他们几乎不需要干什么活，顶多偶尔到田地里监督奴隶劳动。

起床后，男人就慢悠悠地踱出家门。他们赤足走路，因为雅典人几乎没有穿鞋的习惯，即使穿也是那种用几根皮带绑在脚上的凉鞋。

雅典男人将一天的大部分时光花在闲谈、思考、健身或政治活动上。他们不紧不慢地走在街上，遇到熟人就停下来寒暄几句。对他们来说，走路急匆匆和左顾右盼是没有教养的表现。他们的目的地是市场或是其他公共场合，如理发厅。雅典男人通常留着长发和大胡须，后来的趋势是头发、胡须越来越短，所以修剪发须成为男人的一件大事，理发厅也随之兴旺起来。

市场上的生活

如果不需要参加市政活动，男人一天至少要到市场上晃一次。不管有事没事，也要到市场上听听政府是否有新的举措，或者其他城邦的新鲜事，他们乐此不疲。

太阳很快移到头顶了，雅典四季都比较炎热，尤其是夏天，当天气热得无法忍受时，男人会干脆光着膀子。他们穿的长袍简单大方，随时可以脱掉。其实所谓的长袍只是一块简单的布料，在身上对折几下后任布料自然下垂，然后用别针固定住容易掉落的部位。走动时，衣服飘动起来可看到里面的躯体。女人的服饰也是如此，古希腊人并不以裸体为耻。

午后，市场上的人们纷纷散去，有些人的农场里可能缺少一些工具，于是便去拜访铁匠铺。雅典的店铺一般是前店后坊，铁匠铺也是如此。除了铁匠铺，人们还有很多地方可去，例如健身场。他们在那里将自己的身体锻炼得更强壮，还能结识一些志同道合的朋友。

回家了

当夕阳西下时，如果没有宴会的邀请，雅典男人便慢悠悠地回家了。此时，妻子已经把晚餐准备好了。吃饭之前，他们通常会先洗一个澡。

洗完澡后一家人开始吃晚饭。如果没有客人，而且夫妻之间的感情比较融洽，主妇会和她的丈夫一起用餐。吃完饭后，男人坐在天井里纳凉，调皮的孩子在他旁边跑来跑去玩耍。

夜深了，男人便上床睡觉。忙碌了一天的主妇在做完家务后，也进房歇息。卧室里非常简陋，除了一张床、几个箱子、若干个红陶或黑陶器皿之外，别无他物。可是他们不在乎，对于雅典人而言，房屋和衣服一样，都是可以随时抛弃的。

主妇吹灭了点着橄榄油的灯盏，房子陷入了安静的黑暗中。不一会儿，轻微的鼾声四起，所有人都沉沉睡去，等待新一天的到来。

这个浮雕栩栩如生地表现了一个雅典家庭的生活常态。

第四章

群雄逐鹿

伴随着海上贸易的蓬勃发展，古希腊与埃及、巴比伦建立了密切联系。在数百年的苦心经营下，古希腊城邦逐渐兴旺起来。与此同时，西亚的波斯人也建立了一个庞大的帝国，虎视眈眈地将战争的矛头对准了古希腊……

将波斯人驱逐出去后，古希腊内部争端又起。雅典和斯巴达两个城邦宿怨累累，终于展开了命运般的决战 ，孰胜孰败？往日辉煌的古希腊似乎已经濒临末路。

关键词：希波战争

危险！波斯来袭

▪ 公元前 492 年 ~ 公元前 449 年

经过数百年的苦心经营，古希腊城邦终于摆脱了黑暗时代的阴影，逐渐兴旺发达起来。与此同时，西亚的波斯人也建立了一个庞大的帝国。一山不容二虎，古希腊成为波斯扩张版图的最大障碍，虎视眈眈的波斯将矛头对准了古希腊……

波斯的强大

公元前8世纪到公元前6世纪的200年间，古希腊诸多城邦纷纷建立。伴随着海上贸易的蓬勃发展，古希腊与埃及、巴比伦建立起了密切的商业联系，文化上也如饥似渴地吸收了它们的成就，逐渐迈入了辉煌时期的门槛。

而此时，位于亚洲西部伊朗高原南部的波斯也逐渐强大起来。公元前558年，居鲁士二世（后人称之为“大帝”）称王。这位杰出的统治者采取了种种改革措施，使波斯国势很快强盛起来。

从公元前 550 年开始，波斯人依仗日益强盛的国力，开始向外扩张。他们首先征服了伊朗高原北部的米底，灭亡了两河流域的新巴比伦王国，还远征埃及。接着，波斯人又把矛头指向了古希腊，先后征服了小亚细亚西部海岸爱奥尼亚人建立的城邦。就这样，仅仅经过30年，波斯帝国的国境线大大扩展，东达印度边境，西至爱琴海，北抵黑海，南及印度洋。

公元前522年，波斯王冈比西斯逝世，一位米底祭司冒充冈比西斯之兄登上了王位。出身显赫的大流士率领众贵族杀死了篡位者，并通过种种手段夺得了王座，史称“大流士一世”。大流士上台时，国内表面平静的政局下暗流涌动，不同派别的势力冲突不断，甚至有人质疑他的继承权。他以严酷果敢的手段镇压内乱，恢复了帝国秩序。平定内乱后，大流士建立起一个覆盖整个帝国的交通网，道路四通八达，波斯的军队随时可以迅速出现在需要的地方。

这尊浮雕再现了公元前522年，大流士一世在波斯波利斯城登基的场景。他右手紧握国王的节杖，左手拿着王室的标志双苞荷花，神态庄严而凝重。

觊觎希腊

大流士是一位野心勃勃的君主，他效法那位伟大的先祖居鲁士大帝，不断地向外征服，拓展帝国版图。当扩张的脚步抵达爱琴海时，大流士发现希腊成为他实现梦想的最大障碍。他决定一步步向古希腊推进，一点点蚕食希腊城邦。

早在公元前 546 年，小亚细亚的古希腊城邦就已处于波斯帝国的统治之下。最初，波斯的统治很宽松，因此小亚细亚诸邦并没有太过于激烈的反抗，只是偶尔有些冲突。大流士即位后，对于这些古希腊城邦的统治政策变得严苛起来，他们必须向波斯纳税，还要服兵役和劳役。同时，波斯人支持的腓尼基舰队活跃于小亚细亚和黑海地区，与古希腊人发生了商业竞争。波斯一味偏袒腓尼基人，使古希腊人的商业利益几乎全被夺走。此外，小亚细亚城邦中的僭主都是波斯人扶植的。他们对波斯人俯首帖耳，对城邦中的公民却进行残酷的剥削和压迫。人们在怨恨僭主的同时，也对造成这一切的罪魁祸首波斯感到不满。在多重因素的共同作用下，小亚细亚的古希腊城邦与波斯的矛盾逐渐尖锐起来。

希波战争的导火索

古希腊和波斯之间战争爆发的导火索是爱奥尼亚叛乱。当时爱奥尼亚的米利都是波斯的殖民地，公元前500年，米利都僭主阿里斯塔戈拉斯发动希腊人起义，反抗波斯人的统治。此举迅速得到小亚细亚许多古希腊城邦的响应，雅典和埃雷特里亚两个城邦也派出人马和船只支援爱奥尼亚人，并且一度攻占并烧毁了波斯的小亚细亚行省首府萨狄斯。雅典和埃雷特里亚撤兵后，波斯人卷土重来，重新占领了米利都，进行残酷镇压。

大流士听到萨狄斯被毁于一旦的消息后大发雷霆，发誓要将雅典城置于他的铁骑之下。再一次将米利都纳入控制中之后，大流士决心进攻雅典，一雪前耻。

密谋征服雅典

大流士不是一位鲁莽的统治者，他虽然有些骄傲自满，但是也深知贸然出兵不妥。百般权衡之后，他认为最好的方式是在雅典国内扶持政治力量，然后里应外合，将雅典一举攻灭。大流士的如意算盘不是凭空而来的，

他之所以萌生这个想法是因为此时王宫里收留了一位特殊的客人，那就是雅典第一位僭主庇西特拉图的继承人希庇亚斯。希庇亚斯被雅典人放逐后投奔了波斯，并日思夜想有朝一日能够重返雅典。

^ 斯巴达国王列奥尼达带领斯巴达300勇士在温泉关与波斯王薛西斯的军队浴血奋战。

一听到大流士的计划，希庇亚斯立即向他提议，如果大流士答应帮助他复辟，他保证雅典归顺于波斯。这正合大流士之意，两人一拍即合。希庇亚斯虽然身不在雅典，但是雅典的阿尔克迈翁家族是站在他这一边的。他暗自和阿尔克迈翁家族联

^ 这幅取自无釉赤陶花瓶上的图案表现了古希腊士兵战斗的情景：一名士兵受伤躺在地上，大腿在流着血，其他士兵手持长矛和盾牌，正在与敌人对垒。

系，让他们鼓动其他贵族与波斯人合作。因为害怕波斯人残忍的报复，一些雅典贵族便悄悄向波斯人求和，答应用合作来换取全族人的性命安全。在大流士和希庇亚斯的密谋之下，雅典危在旦夕。

波斯第一次远征

公元前 492年，波斯王大流士正式向古希腊宣战，组建海陆大军远征古希腊，指挥官是他的女婿马多尼乌斯。然而，波斯舰队在经过希腊北部的阿索斯海角时突然遭到了飓风的袭击，损失惨重，300艘战舰沉入大海，两万多名士兵葬身鱼腹。同时，波斯陆军在北希腊的色雷斯境内受阻，死伤将士无数，连指挥官马多尼乌斯也负伤而归。波斯的首次远征宣告失败。

大流士没有就此罢休。他把此次失败归结于马多尼乌斯的无能，并下令制造新的战舰，补充兵源，积极备战。与此同时，大流士向许多古希腊城邦派出使者，索要“土和水”，实际上就是要各个城邦向波斯投降，献出国土。大多数城邦被波斯的强悍威慑，纷纷臣服。但是雅典和斯巴达却坚决不妥协。雅典人把波斯使者扔进洞坑，就连翻译也因为侮辱了希腊语而被处死。斯巴达人则把使者押到井边，指着水井简练地说道：“水和土，都在此，请随意！”说罢便将他推入水井。

波斯第二次远征

消息传到波斯，大流士气得暴跳如雷，立即委任经验丰富的老将达提斯和阿尔泰弗统帅大军准备出征。公元前490年，波斯大军第二次远征希腊。这一次，波斯海军顺利通过了阿索斯海角。大军所到之处，那克索斯岛、提洛岛等岛屿逐一被征服。接着，波斯大军来到了埃雷特里亚城。埃雷特里亚曾经支援米利都人反抗波斯，波斯人对此一直怀恨在心。他们摧毁了整个埃雷特里亚城，没有留下一栋完整的房屋；还大肆屠杀居民，将剩余的百姓充作奴隶。波斯人心满意足地离开了埃雷特里亚，朝阿提卡半岛的雅典进发了，带路的是雅典的前任僭主希庇亚斯。

雅典人收到波斯人直冲而来的消息，先是一片恐慌，然而当他们

历史断面

浴血温泉关

温泉关是北希腊和中希腊交界处的一道隘口，是一条狭窄通道。负责守关的是斯巴达国王列奥尼达率领的7200名希腊联军。

公元前480年，波斯王薛西斯率军远征古希腊。温泉关300名勇士用自己的血肉之躯，筑成了一道长城，用鲜血和身躯抵挡波斯人一波接一波的进攻。虽然最终功败垂成，但勇士们的威名却永远地镌刻在了史册上。

知道了埃雷特里亚沦陷的惨剧后，反而镇定下来。他们知道，一旦被打败，他们遭受的命运将比埃雷特里亚更悲惨，但是主动投降是绝对不可能，更不能坐以待毙。于是雅典迅速向斯巴达求援。斯巴达同意派兵援助，但斯巴达刚好在过宗教节日，回复说必须等到月圆之后才能出兵。或许是宗教的力量过大，或许这只是斯巴达不愿出兵的借口，总而言之，雅典需要孤军奋战了。因为波斯舰队已经来临，他们等不及斯巴达的援助了。

马拉松之战

此时，波斯大军已在阿提卡半岛的马拉松平原登陆。马拉松距

战神阿瑞斯

离雅典不远，如果不能在马拉松平原上挫败波斯人，那么雅典将大祸临头。波斯有10万大军，而雅典本身的兵力不足1万，临近小邦普拉提亚派出1000人援兵，加起来也不过1万余人。两军人数相差悬殊，对于雅典而言，无疑是以卵击石。

统帅雅典军的是十将军委员会，卡利马科斯领军事执政官之责。当时委员会中有一半人认为敌人过于强大，雅典军队应该按兵不动，等待斯巴达援军到来。只有十将军之一的米太亚得主张进攻，认为这是难得的好机会，错过的话后果将不堪设想。为了不错过时机，他决定去游说卡利马科斯。米太亚得说道："这场战役是我们的生死之战。如果我们胜利了，雅典将会成为全希腊最伟大的城邦，而您也会成为雅典的英雄；如果失败了，我们每个人都会人头落地。现在正是我们打败波斯人的大好时机，假如您此时退缩不出，等于白白把胜利拱手送人啊！"

卡利马科斯被说服了。他宣布雅典要全力以赴打好马拉松一役，并命令米太亚得率领1万重装步兵和普拉提亚军奔赴马拉松。米太亚得率军很快占据了马拉松湾附近的一处高地。

清晨，雅典与普拉提亚军进入马拉松平原，与波斯军展开战斗。雅典将主力安置在两翼，中军空虚，引诱波斯军来袭。当波斯人中计深入敌阵时，雅典军两翼合拢，将波斯人包围，来了个瓮中捉鳖。波斯军阵脚大乱，纷纷向海边逃窜。雅典军乘胜追击，一直紧追到海边，捕获了七艘波斯战船。波斯人原本计划重整旗鼓直接绕过海湾攻击雅典城，但是米太亚得已率兵赶回雅典等候他们。马拉松一役后，波斯军对米太亚得是闻风丧胆，他们无心恋战，匆匆退回小亚细亚。

在马拉松会战中，波斯军有6400人阵亡，而雅典军只损失了192人，其中包括主将卡利马科斯。马拉松会战是西方历史上一次著名的以少胜多的战役，古希腊人用自己的智慧和勇猛狠狠挫败了波斯的远征军。

关键词：两大同盟／内部大战

伯罗奔尼撒战争爆发

■ 公元前 431 年

刚刚将波斯驱逐出去，古希腊内部的争端又起。雅典和斯巴达这两个宿怨累累的城邦互相敌视、互相试探。一方依仗雄厚的经济实力和海军力量，一方素来是陆上强国，双方互不相让，最终冲突升级，爆发了一场惨烈的战争。

伯罗奔尼撒战争是以雅典为首的提洛同盟与以斯巴达为首的伯罗奔尼撒联盟之间的一场战争。这是一场在古代西方世界绝无仅有的战争，它持续了几十年（前431～前404），几乎所有的古希腊城邦都被牵扯进去了，其中几度停战，又几度开战，最后以斯巴达获胜告终。这场惨烈的战争结束了雅典最辉煌的时代，剧烈地改变了古希腊的城邦社会。因其影响深远而广泛，以至于现在有学者称之为“古代世界大战”。

战争的导火索

崇尚民主政治的雅典和拥护寡头政治的斯巴达注定了势不两立，从一开始，它们便互相敌视。尤其是在希波战争结束后，这种对抗越来越明显。取得希波战争的胜利后，为了向外扩张，雅典人又加强了为对抗波斯而成立的提洛同盟，把提洛同盟由一个松散的组织实际上变成了雅典掌控局势的工具。从此，雅典以提洛同盟为基础积极地拓展自己的势力范围。

为了有效地保护雅典城，从公元前460年开始，雅典修筑了一道庞大的“长墙”，把雅典城变成了一座坚不可摧的堡垒。雅典的海军还经常围绕伯罗奔尼撒半岛航行，对斯巴达耀武扬威。这种种行为损害了斯巴达人的利益，也引起了他们的疑心。斯巴达人为了消除威胁，便暗中支持希腊城邦的反雅典势力，试图削弱雅典的力量。

公元前445年，两个城邦签订了一个为期30年的和平协议。但这并不能消弭两者的对立，随着各自同盟的建立，本来属于两个城邦间的对抗，逐渐升级成了两个联盟的分庭抗礼。

公元前435年，伯罗奔尼撒联盟的成员科林斯与克基拉发生冲突。科林斯战败后着手建立了一支庞大的舰队。雅典觉得科林斯威胁到了它海上霸权的地位，因此便与克基拉签署了一个防御条约。此后科林斯又与克基拉爆发海战，雅典出兵援助克基拉，逼迫科林斯退兵。克基拉本身就拥有仅次于雅典的第二大舰队，再加上雅典海军的支援，使科林斯感到处境岌岌可危，便向盟主斯巴达求援。伯罗奔尼撒联盟于是出面指责雅典违背了公元前445年签署的和约，并下了最后通牒，要求雅典放弃对提洛同盟的领导权。

斯巴达的要求其实是开战的借口，因为他们明明知道雅典是不会答应的。果然，伯罗奔尼撒联盟的要求遭到了雅典的断然拒绝。撕破脸皮的雅典和斯巴达从此进入备战时期。

战争爆发

公元前431年年初，伯罗奔尼撒战争爆发。雅典领导的提洛同盟主要由爱琴海中的岛国和沿海城市组成，其优势在于海战。此外，雅典的海上贸易发达，有足够的财力支持战争。而斯巴达虽然在海军和财力方面远逊

^ 长达 20 多年的伯罗奔尼撒战争极为惨烈。古希腊人以各种艺术形式来再现这场战争，图为绘在陶瓶上的伯罗奔尼撒战争场面。

于雅典，但是它拥有强大的陆军。

雅典执政官伯里克利是个杰出的军事家。战争开始后，他采取尽量避免陆战的策略，希望在海战方面发挥优势。伯里克利派舰船侵袭伯罗奔尼撒半岛沿海地区，鼓动斯巴达国内的奴隶希洛人暴动，同时让所有的雅典农民离开农村，住进城内。

斯巴达开始时确实被伯里克利的策略弄得手足无措，它的陆军强大，可是找不到对手，再强大也无济于事。公元前431年夏，斯巴达人大举入侵雅典的领地并劫掠雅典的周围地区，希望以此来迫使雅典进行陆战。雅典人在城墙上看到自己的家园被焚毁一空，愤恨难当，纷纷请求出战。但是伯里克利说服了他们，阻止他们落入斯巴达人的陷阱。当时的攻城技术还比较原始，加上雅典的城墙固若金汤，所以斯巴达人无法攻破雅典的城门，不过雅典人也出不来，双方陷入僵持状态。由于粮食补给不足，斯巴达人被迫撤退。此后，他们采取游击战，每年夏天进入雅典城的周围，将农村劫掠一空后撤走，等到明年夏天再来搜刮。这种赤裸裸的“拿走主义”把伯里克利弄得焦头烂额，加上日益持久的围攻导致了财力匮乏，有人开始对伯里克利的战略表示怀疑。

原本居住在城外的农民进入城里后，大多居住在临时搭建的木棚里。人口稠密，天气酷热，使城内的环境卫生变得十分恶劣。公元前430年雅典暴发了一场瘟疫，传染性非常强，医生对此束手无策，约1/4的居民死亡。雅典人把怒气发泄到伯里克利身上，曾一度将他免职。但是由于伯里克利的继任者无能，雅典人又意识到只有伯里克利才能拯救雅典，于是伯里克利重新当选为将军。

雅典久攻不下，心浮气躁的斯巴达派了一个使团前往波斯寻求援助。伯里克利及时察觉了这个阴谋，立即派人劫击了斯巴达使团，并把使者押到雅典处死了。伯里克利挫败了斯巴达的阴谋，也使希腊诸邦对斯巴达产生了警惕。然而不久，伯里克利不幸也染上了瘟疫，被可怕无情的传染病夺去了性命。

伯里克利的死亡对提洛同盟是个沉重的打击。在他逝世之后，有两大集团活跃在雅典政坛上，一是以克勒昂为首的民主派，一是以尼西阿斯为首的贵族派。克勒昂属于激进派，坚决反对与斯巴达谈和，而尼西阿斯觉得寻求和平更符合雅典的利益。

鹰派上台

在当时战争情绪高昂的情况下，雅典人显然更倾向克勒昂。鹰

历史断面

修昔底德与《伯罗奔尼撒战争史》

修昔底德约于公元前460年出生在雅典的一个贵族家庭。伯罗奔尼撒战争爆发时，修昔底德统率一支由七艘战船组成的舰队驻泊在色雷斯附近的塔索斯岛。后因安菲坡里斯城失陷，他被诬贻误军机，被革职并放逐。

在此后的20年中，修昔底德一直关注着战争的进程，最终形成了一部伟大的《伯罗奔尼撒战争史》。战争结束后，修昔底德才重返雅典。

派（指主战派；与之相对的是鸽派，即主和派）的克勒昂上台后，立即扩充军队，与斯巴达针锋相对。他对抗斯巴达的唯一策略就是进攻再进攻，对于意图反抗雅典的提洛同盟的成员国也毫不心慈手软，统统用暴力镇压。伯里克利亡后的3年时间里，雅典和斯巴达在海上和陆上的战争中互有胜负。

公元前425年，雅典在斯发克特里亚战役中俘虏了120名斯巴达贵族。平民的命不值钱，但是贵族的命非同小可，斯巴达一下子炸开了锅。为了避免发生内乱，斯巴达统帅决定主动与雅典进行和谈。可是好战的克勒昂提出了种种苛刻条件，令斯巴达无法接受，和谈自然破裂了。由于克勒昂的好战，战争又足足延续了20多年，雅典的“民主”这一回没有发挥出来作用。

和谈没有成功，斯巴达人担心雅典会对他们的俘虏采取报复行为，所以不敢直接进攻，转而进攻雅典的同盟者，借此来威胁雅典。

公元前424年，斯巴达的将军布拉西达被派往色雷斯作战。布拉西达作战经验丰富，有勇有谋。多年的征战大大削弱了斯巴达的军事力量，为了补充兵力，他将国内的奴隶征入军队，并承诺给予他们自由，如此一来，斯巴达的军事实力大大增强了。另外，布拉西达还和马其顿的国王佩尔笛卡斯二

v 战争在这里似乎成为一门艺术，而战士们似乎是在踏着音符展开搏斗。整个画面的对称性与韵律感都十分完美。

世结成了同盟。在斯巴达和马其顿的联手进攻下，雅典节节败退。

和平的呼唤

战争进行到第8年，人们开始厌恶战争，渴望和平。尽管雅典当政的是克勒昂，但是主和派尼西阿斯仍然极力主张与斯巴达达成协议。公元前423年，在尼西阿斯的努力下，双方达成了为期一年的停火协议，实际上是给对方也给自己一个暂时喘息的时间。在这一年中，虽然没有爆发大规模的战争，但是局部地区的小冲突仍然不断。

公元前422年，休战期满后，克勒昂迫不及待地率军开赴安菲坡里斯，与布拉西达展开死战。雅典军出现败势，克勒昂仓皇后撤，在途中被敌军杀死。布拉西达身负重伤，没过多久也死了。两军的主战人物双双阵亡，鹰派倒下了，鸽派开始抬头。

无论是雅典，还是斯巴达，人们要求和平的呼声都很高。最后在尼西阿斯的推动下，两个联盟顺应民心，经过谈判终于签订了合约。由于谈判是尼西阿斯极力促成的，因此这个和约也被称为“尼西阿斯和约”。条约规定：以雅典为首的提洛联盟和以斯巴达为首的伯罗奔尼撒联盟协约双方均不得故意挑衅；如果发生冲突，要通过和平手段协商解决；倘若一方的领土和利益遭受侵害，另一方应当鼎力相助；双方退出各自所占领地，交换战俘，保持和平50年。

VISIBLE HISTORY OF THE WORLD

关键词：雅典 / 斯巴达 / 决战

巅峰对决

■ 公元前 415 年 ~ 公元前 404 年

尼西阿斯和约并没有给两个同盟的人民带来持久的和平，战争的阴影很快又笼罩上来了。野心勃勃的雅典政治家亚西比德为了自己的私欲，无情地把雅典人民重新推入了战争的深渊……

脆弱的和平

尼西阿斯和约签订后，和平并没有维持多久。公元前415年，战火再起。这一回战争的爆发，与雅典的政治家亚西比德密切相关。亚西比德（约前450—前404），出身于雅典最古老的贵族家庭，幼时父亲去世，之后被伯里克利收

> 在伯罗奔尼撒战争中，亚西比德原是雅典主战派的重要将领，但是由于雅典内部的政治斗争而被迫投降斯巴达。他在斯巴达屡立战功，但因遭到斯巴达人的猜忌而只得离开，后来在小亚细亚被人刺死。

养。他曾经师从苏格拉底，是苏格拉底最亲近的学生之一。

亚西比德对扩张征战充满了野心。他积极准备与斯巴达作战，并不断地打破尼西阿斯的和平努力。为了达到自己的目的，亚西比德在公民大会上发表演说：“伟大的公民们，难道你们要眼睁睁地看着我们的死对头斯巴达操练军队，准备向我们进攻？难道你们忘记了斯巴达人带给我们的耻辱，只顾心安理得地享受美食和财富？难道荣耀已经不再照耀在你们的头上？勇敢的公民们，醒来吧，我们雪耻的时候到了！拿起你们的武器，随我前往远方摘取你们荣誉的王冠吧！”许多公民听了他的演讲都热血沸腾，恨不得与斯巴达决一死战。亚西比德用雄辩的口才征服了雅典人。

历史断面

地米斯托克利的命运

萨拉米战役后，地米斯托克利一战成名，成为雅典的英雄。赞誉使得地米斯托克利开始自我陶醉起来，这引起了政敌和公民们的不满。公元前470年，地米斯托克利的政敌利用陶片放逐法放逐了他。无路可走的地米斯托克利投奔了波斯。后来波斯与雅典再次发生战争，波斯王令他出谋划策。他不愿将矛头对准同胞，也不能违抗命令，于是服毒自杀。

出征前夜

国内好战的气氛越来越浓烈，尼西阿斯再也无力控制局势了。此时，支持者日益众多的亚西比德提出了一个危险的计划：远征西西里岛。西西里岛上的大城邦叙拉古是斯巴达人的盟友，又是有名的粮仓。占据叙拉古一来可以试探一下斯巴达，二来可以此为据点，与迦太基人抗衡，占据直布罗陀海峡以东的全部海域。

恰好此时西西里岛上雅典的盟国塞格斯塔与叙拉古发生了冲突，塞格斯塔派使者向雅典求助。塞格斯塔的要求与亚西比德一拍即合，雅典的公民们也被想象中美好的前景冲昏了头脑，公民大会一致通过远征西西里的决议。尼西阿斯费尽口舌也无法让那些已被冲晕头脑的雅典人清醒过来。公民们认为凭借尼西阿斯的老成持重和亚西比德的勇武，远征军一定能获得胜利。最后，尼西阿斯还是被主战派拖上了远征西西里的战车。

然而，在远征军出发前夜，雅典城内各街口用来指路的赫尔墨斯神像的面部却在一夜之间全部被恶意毁坏了。在希腊神话中，赫尔墨斯是天神宙斯之子，是旅人的保护神，这似乎预示着出行不利……因此，神像被破坏的事在雅典城中引起了极大的恐慌。为追查肇事者，国家鼓励告密行为，有人告发亚西比德参与了此事。但亚西比德似乎无法从中得到任何好处，而且他的政敌深知他在军中的威信，因此当时并没有指控他。

亚西比德的叛变

公元前415年，在尼西阿斯、亚西比德和拉马克斯的领导下，一支约由134条三列桨战舰和约5000名重装步兵组成的庞大舰队出征意大利的西西里岛。到达西西里后，他们没有马上进攻叙拉古，而是围绕西西里岛航行，希望以此威慑叙拉古，但这给了叙拉古备战的时间。

在开战前夕，亚西比德突然收到雅典的火速传令，要求他马上回国受审。原来神像毁坏案已经升级成阴谋建立寡头政府的反革命案，好几个人已经为此掉了脑袋。亚西比德和其他被控者害怕回去凶多吉少，连忙半夜收拾行李逃到了雅典的对手斯巴达一边。亚西比德再一次发挥他舌吐莲花的本领，说服斯巴达收留了他，他还向斯巴达政府透露了雅典的军事机密，并蛊惑斯巴达向西西里派兵。正巧叙拉古向斯巴达政府求援，斯巴达政府于是决定派兵援救。

公元前414年春夏之交，尼西阿斯派兵围攻叙拉古。在战争中，雅典虽然损失了指挥官拉马克斯，但也取得了辉煌的战果。叙拉古已经开始准备投降，正在这个时候，斯巴达派兵前来，叙拉古大喜过望，而雅典

^ 整装待发的古希腊武士

近在眼前的胜利也化为乌有。

惨败西西里

眼睁睁地看着叙拉古和斯巴达人联合起来对付雅典，尼西阿斯意志消沉，出征前的那种不祥之感又重新笼罩在心间。他向雅典发回一封信，敦请要么撤回，要么派援军来，并请求看在他病痛缠身的份上解除他的职务。雅典政府并没有同意他解除职务的请求，但派出了两位将军率军前往西西里，分担尼西阿斯的职责。

公元前413年，雅典与叙拉古展开激战。雅典三位指挥官的意见不统一，战术上又鲁莽冒进，再加上叙拉古人的顽强抵抗，使雅典军遭受了惨败。

经过通盘考量后，雅典军决定撤兵。当晚，天空出现了月食，这对于雅典军来说是个适合撤退的好时机，然而迷信的尼西阿斯却坚持等到下一个满月。尼西阿斯的优柔寡断最终导致了雅典全军覆没。尼西阿斯被杀，被俘的军士充作采石场的奴隶，除了少数人逃出外，大多数人都饱受折磨死去。经此沉重打击，雅典逐渐失去了海上优势。

雅典远征西西里岛的惨败导致了局势的逆转。斯巴达与波斯联手，共同对付雅典。雅典昔日的盟国纷纷弃它而去，同时雅典国内又争乱不休，往日辉煌的雅典似乎已经走向了末路。雅典和斯巴达终于开始了命运般的决战，孰胜孰败？

双面摇摆的亚西比德

当远征军在西西里的战争如火如荼时，雅典在本土也陆续与波斯、斯巴达发生摩擦和局部战争。公元前414年，雅典在小亚细亚支持了当地一场反抗波斯的叛乱，激起了波斯帝国的新仇旧恨。为了报复雅典，波斯帝国与斯巴达联系，双方达成协议：斯巴达将小亚细亚退让给波斯；作为交换，波斯帮助斯巴达制造战舰，共同对付雅典。自从雅典在西西里岛失败后，许多

^ 海神波塞冬

提洛同盟的成员国纷纷退出联盟，叛离雅典。

雅典此时的政治气氛非常紧张，军事上受到严重打击，国内也出现了混乱的局面。公元前411年，寡头派发动了政变。政变是多个以萨摩斯岛为基地的舰队指挥官发动的，亚西比德在其中也起到了推波助澜的作用。这次政变并没有成功，亚西比德见机投到民主派的阵营中去了，成了民主派在萨摩斯岛上的首领。

在此期间雅典获得了一系列军事上的胜利，危机重重的斯巴达又打算进行和平谈判。但此时的雅典正好是强硬派当权，因此断然拒绝了斯巴达的示好。雅典乘胜追击，不仅仅军事上屡屡获胜，亚西比德还强迫许多离弃提洛同盟的同盟者重新加入。亚西比德于公元前408年夏以胜利者的姿态凯旋雅典，并当选为将军。

命运的决战

公元前407年，斯巴达将军莱山德尔被派往小亚细亚。莱山德尔将军认识到必须与波斯联手才能扭转败局，于是再一次争取到了波斯。看到雅典频频得胜，波斯担心雅典再次强盛，于是决定拨出大笔资金和军事人才援助斯巴达。

同年，在莱山德尔的指挥下，斯巴达军大胜雅典军。虽然亚西比德当时不在战场，但他还是被撤职。可能是雅典人对这个朝三暮四的人已经感到不耐烦了。亚西比德不仅背叛了雅典，还背叛了斯巴达，这个“墙头草”似的人物逃到了国外，据说最后被波斯人谋杀了。

没多久，雅典聚集了所有海军力量与斯巴达在阿吉纽西群岛进行决战。这是两个同盟之间进行的最大的一次海战，结果雅典军队大获全胜。但由于没有打捞战死的水手，雅典对一些指挥官开庭审判，结果这些曾在战斗中立下汗马功劳的将士被处死。重视死人甚于生者，也是咄咄怪事一桩。

总而言之，雅典在最危急的时候消灭了一批最有经验的指挥官，将胜利拱手送人。雅典的“民主”在某些时候实在是不合时宜。

雅典的末日

莱山德尔乘雅典国内混乱之际发动进攻。雅典战略上漏洞百出，捉襟见肘，被打得七零八落，几乎全被歼灭。莱山德尔在波斯的帮助下控制了海洋，获得了海上霸权。

雅典的末日到了。莱山德尔率海军封锁了雅典的海上基地庇雷埃夫斯港，切断了海上与雅典的运输水道；斯巴达国王带领步兵从陆上直逼雅典，海陆两面夹击。雅典城内乱成一片，人们慌乱奔走，又无处可逃，城内四处可闻妇女儿童震耳的哭声。公元前404年春，雅典处于被封锁的困境之中，往昔的盟国没有一个前来援助它，因为它的冷酷残暴早已让那些国家心灰意冷。雅典粮草断绝，只好投降，被迫接受屈辱的和约：取消雅典海上同盟（即提洛同盟）；舰船除保留12艘非战斗警备舰外，全部交出；拆毁“长墙”和其他防御措施。

长达27年的伯罗奔尼撒战争终于结束了，斯巴达取得了希腊霸权。

这场牵涉了整个希腊地区的“古代世界大战”过后，希腊的黄金时代

< 古希腊人的日常生活

古希腊人的生活不仅节制，而且简朴。他们崇尚“自由”，认为自由便是获得身体和心灵的双重解放，因此，他们将自己的日常需要压缩至最低程度，以便维持精神上的真正自由。

结束了。伯罗奔尼撒战争是希腊历史上的一个转折点，希腊城邦之间的均衡关系从此被彻底打破。后来雅典虽然重建了提洛同盟，但已经无法与当年的提洛同盟相提并论。

斯巴达胜利了，赢得了希腊，但是其霸权也只持续了数十年，由战争造成的生产力倒退一直缓不过劲来。可以说，这场战争是两败俱伤，谁也没有占到便宜。

VISIBLE HISTORY OF THE WORLD

关键词：雅典 / 僭主

雅典的三十僭主

■ 公元前 404 年 ~ 公元前 403 年

雅典在伯罗奔尼撒战争中战败以后，斯巴达在雅典建立起了寡头政府。这个政权对外谄媚讨好，对内则残酷迫害有正义感的公民，制造白色恐怖气氛。寡头政府的倒行逆施激起了雅典人民的不满，他们联合起来，同心协力推翻了专制统治。

“三十僭主”政府

公元前404年，雅典战败，向斯巴达投降。饱受战火蹂躏的雅典人以为战争结束，和平来临了，于是欢天喜地地主动拆除了“长墙”。斯巴达国王吕西斯特拉图以胜利者的姿态占领了雅典，耀武扬威一番后回到国内，留下打败雅典的头号功臣莱山德尔坐镇雅典。

为了巩固对雅典的控制，莱山德尔扶植了亲斯巴达的傀儡政府，成立了一个三十人的寡头政权，史称“三十僭主”。在这三十个僭主中，领导者是克里提阿斯，他是哲学家苏格拉底的弟子，也是柏拉图的舅舅。僭主们实行暴政，制造恐怖气氛，大肆迫害民主派人士，杀害了许多雅典公民。据说当时被谋杀的人数比伯罗奔尼撒战争最后十年中被斯巴达军队杀死的雅典

^ 雅典学院柱廊上的山花雕塑

人还多。为了制止公民的反抗，僭主们还限定雅典的公民人数为3000人，极力压制公民的权力。

克里提阿斯曾命令他的老师苏格拉底和其他四个人去萨米拉岛逮捕一个人。苏格拉底认为这个人是清白无辜的，不愿助纣为虐，因此没有与其他四人同去。如果不是三十僭主的统治很快被推翻，说不定苏格拉底早就被杀害了。

三十僭主的内部之争

僭主们的倒行逆施引起了雅典人的强烈反对，就连统治阶级内部也对此有所不满。其中一个反对者是三十僭主之一的特拉墨尼斯。特拉墨尼斯为人处世比较温和，他不愿意看到克里提阿斯制造大规模的流血事件，于是劝说他手下留情，勿使雅典城成为野心的牺牲品。克里提阿斯表面上接受特拉墨尼斯的建议，同时却在暗暗策划要将特拉墨尼斯除掉。

几天后的三十人委员会上，克里提阿斯突然站

^表现古希腊神话丽达与天鹅故事的油画作品

古希腊神话传说中，众神之王宙斯化作天鹅与人间少女丽达交配。后来丽达生的女儿海伦因其绝色引起特洛伊的十年战争；战后希腊联军凯旋之时，丽达的另一个女儿克吕泰涅斯特拉又谋杀了她的丈夫、希腊联军统帅阿伽门农。

起来，指控特拉墨尼斯背叛了寡头政府。特拉墨尼斯正想起身辩护时，克里提阿斯一声令下，几个手持匕首的年轻人突然从隐身之处跳出来。特拉墨尼斯大惊失色，飞快地奔向祭坛。按照雅典习惯法，任何人都不能杀害在祭坛下寻求神灵庇佑的人，否则就会遭到全城人的唾弃和驱逐，阿尔克门尼德家族便是最著名的一个例子。

当年在基隆暴动中，其家族成员杀害了祭坛下的暴动者，因此招来怨恨，两百多年来凡是遇上灾祸，这个家族必定会成为众人发泄不满的靶子。

克里提阿斯不敢触犯众怒，但仍命令追随者将特拉墨尼斯从祭坛上拉下来，强行给他灌入毒药。特拉墨尼斯将最后几滴毒药洒在地上，说道：“这是给克里提阿斯留下的，他的死期很快就到了。”他说完便倒地死去了。

推翻专制统治

在三十僭主统治的一年中，许多人为了躲避迫害，纷纷逃到邻近城邦。尽管斯巴达出言威吓，但是有些城邦出于对这些人的同情和斯巴达的仇恨，还是收留了他们。如此一来，就为反对三十僭主的人们提供一个喘息和积聚力量反击的机会。

公元前403年，流亡海外的人聚集起来，联合雅典城内对三十僭主不满的公民们，悄悄酝酿着推翻寡头政权的行动。这些人推举弗拉西布洛斯为首领，并组成了一支英勇的军队打回雅典。起先，他们占领了阿提卡半岛的一处高地，在那里召集了大批逃亡异邦的雅典人，整编成更有战斗力的军队。

克里提阿斯听到消息后，在斯巴达军队的帮助下，率领军队与起义军展开了激烈交锋。“三十僭主”率领的军士们早已对政府的统治心怀不满，所以边战边退。起义军则士气大振，一鼓作气击退了“三十僭主”的军队，占领了雅典军事重地庇雷埃夫斯港。此后在一次高地争夺战中，克里提阿斯阵亡。特拉墨尼斯临终前的预言变成了现实。克里提阿斯战死的消息传到雅典后，雅典人欢欣鼓舞，3000个公民中的大多数人拒绝再听命于三十僭主政府。他们群情激愤，纷纷呼吁要把三十僭主处死。畏惧于民众的愤怒，大多数僭主仓皇逃往外地。

原本作壁上观的斯巴达将军莱山德尔此时再也无法忍受民主派的挑衅了，他率军悍然进攻庇雷埃夫斯港的起义者。但是斯巴达国王帕夫萨尼西亚斯企图借此机会打击莱山德尔的势力。因此，在莱山德尔攻占庇雷埃夫斯港时，帕夫萨尼西亚斯突然出现在战场中，制止了双方的争斗。他与弗拉西布洛斯等人进行谈判，最终促成了和解。根据协议，弗拉西布洛斯和其他流亡者得以返回雅典，废除了“三十僭主”的统治。

历史断面

法厄同行星之谜

太阳系家族除了八大行星之外，还存在着许多的小行星，聚集在火星和木星的轨道之间。它们为何只在特定的轨道上聚集，而不是均匀分布在星际空间中？原来，在火星和木星之间，曾存在着另一颗大行星，后来这颗大行星发生了爆炸，其破碎后的行星残块飘浮在火星与木星之间，形成了今天1.5亿千米宽的小行星带。人们根据希腊神话故事，将这颗可能存在的大行星称作“法厄同”。

VISIBLE HISTORY OF THE WORLD

关键词：战争 / 军事

斯巴达的霸政

▪ 公元前 404 年 ~ 公元前 387 年

在伯罗奔尼撒战争中，斯巴达打败了以雅典为首的提洛同盟，成为胜利者。此后，它开始强势地四处推行霸权政策，引发了诸邦的不满。与此同时，为了勾起希腊的内乱，波斯在一旁煽风点火。希腊似乎又被推到了战争悬崖的边缘……

斯巴达的高压政策

公元前404年，斯巴达在伯罗奔尼撒战争中取得胜利，获得了对希腊地区的霸权。雅典战败之后，提洛同盟瓦解，原先依附于雅典的大部分城邦都成了斯巴达的隶属者。打击雅典的同时，斯巴达还积极干涉各城邦的内政，在许多城邦扶植寡头政权并派兵予以维持。他们还大肆掠夺战败城

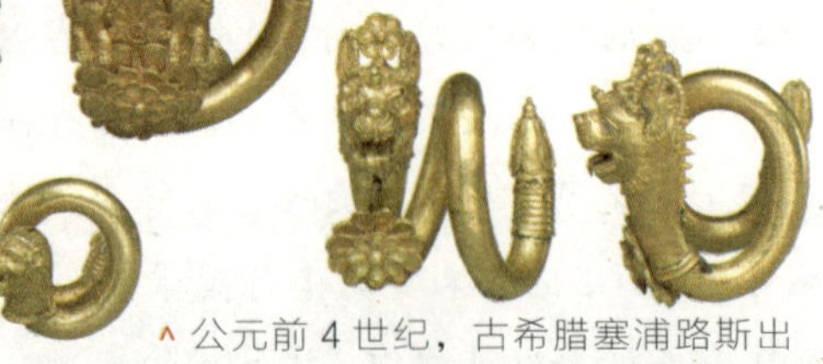

^ 公元前 4 世纪，古希腊塞浦路斯出土的银鎏金狮子头螺旋耳环。

邦的财富，对附属国征收繁重的赋税。

斯巴达依仗强大的军事力量四处横行霸道，扩张势力范围，几乎将希腊全境囊括于怀中，所到之处皆以强横的武力征服。斯巴达的为所欲为和高压政策，引起了希腊诸邦的强烈不满，他们日夜盼望能从斯巴达的奴役下解放出来，这就为城邦之间的战争埋下了导火索。

与此同时，斯巴达也面临着困境。在伯罗奔尼撒战争期间，为了战胜雅典，斯巴达曾经与波斯签订协议：波斯给予斯巴达财力援助；作为交换条件，斯巴达答应胜利后把小亚细亚沿岸的古希腊城邦割让给波斯。但是，自从希波战争后，小亚细亚各古希腊城邦已经取得独立，如果擅自将其交给波斯，恐怕会引发一场连斯巴达也无法控制的大骚乱，而且斯巴达也舍不得把小亚细亚城邦割让出去。对此，波斯政府大为不满。紧接着，斯巴达又卷入了波斯的宫廷权力争夺，这使斯巴达与波斯的矛盾越来越深。

虎视眈眈的波斯

公元前404年，波斯国王大流士二世去世。他的两个儿子为王位继承权发生了争斗，最终其长子阿尔塔薛西斯二世登上了王位。可是幼子居鲁士不甘心臣服，于是向斯巴达求援。斯巴达国王阿革西拉乌斯出兵支援，他得到了大笔作为好处费的酬金。然而居鲁士不久即在战争中阵亡，波斯王（也就是居鲁士的兄长）阿尔塔薛西斯对于曾经帮助居鲁士的斯巴达恨之入骨，发誓要踏平斯巴达，将其从地图上抹去。

公元前399年，为了争夺小亚细亚，波斯和斯巴达爆发了战争。波斯连连被斯巴达挫败。波斯人眼看正面战场难以取胜，于是又故技重演，利用希腊内部不满斯巴达霸权的状况，一方面挑拨离间，一方面收买科林斯、底比斯等对斯巴达的独断专横不满的大邦。在波斯的金钱援助下，雅典、科林斯、底比斯等古希腊城邦组成反斯巴达同盟，并于公元前395年

^ 波斯波利斯王宫遗址中的阿尔塔薛西斯二世陵墓遗迹。

向斯巴达宣战。大战的主战场在科林斯地峡，史称“科林斯战争”。

此时，斯巴达面对来自波斯和古希腊城邦两方的夹击，处境非常艰难。当时斯巴达国王阿革西拉乌斯率军打败波斯，正想深入亚洲腹地时，突然听到了国内传来科林斯战争爆发的消息，便匆匆赶回了斯巴达。波斯因此逃过一劫。

鹬蚌相争，渔翁得利

科林斯战争打了将近8年，在此期间，雅典利用波斯提供的资金修复了长墙，重建舰队，科林斯和底比斯的力量也在这种形势下迅速壮大。公元前394年，在小亚细亚的克尼达斯海角，反斯巴达联合舰队击溃了斯巴达人的舰队，结束了斯巴达的海上霸权。战败后的斯巴达穷于应付联军的不断挑战，迫不得已只好转过来向波斯人求和。波斯不愿雅典再次壮大，于是转而支持斯巴达。在波斯的压力下，反斯巴达联军被迫停战。

公元前387年，斯巴达派出使团前往波斯谈判，与波斯缔结了《安塔达斯和约》。和约规定斯巴达承认小亚细亚沿岸各古希腊城邦及塞浦路斯岛均属波斯；解散除斯巴达领导的伯罗奔尼撒同盟外的其他古希腊同盟。

斯巴达以出卖小亚细亚古希腊城邦为条件，延续了它的霸权。希波战争中古希腊英雄的荣誉和浴血奋战换来的胜利被斯巴达人毁于一旦，其他希腊城邦也因此对斯巴达更加反感厌恶。

在科林斯战争后，斯巴达依靠强大的波斯，又开始洋洋得意到处逞强称霸。然而，雅典、底比斯等城邦已经不愿再忍气吞声了，利用战争期间波斯的援助，它们得到了休养生息的机会，蓄势等待给予斯巴达迎头痛击。

历史断面

地狱三头狗

希腊神话中，刻耳柏洛斯住在冥河岸边，看守着冥界的大门。它只允许死者的灵魂进入冥界，但不让任何人出去，同时也不允许活人出入。古希腊人有在死者的棺材里放一块蜜饼的习俗，据说是为了讨好刻耳柏洛斯，希望死人可以把这块饼送给恶犬。刻耳柏洛斯的神话对许多现代通俗文化都有影响。例如，曾风靡一时的“哈利·波特”系列小说的第一部《哈利·波特与魔法石》中，看守魔法石的一只叫“路威”的三头狗，就是参考了刻耳柏洛斯的形象。

VISIBLE HISTORY OF THE WORLD

关键词：生存 / 崛起

马其顿崛起

■ 公元前 4 世纪下半叶

当古希腊城邦内战不断时，北方的马其顿悄然崛起。经过几代君主的励精图治，马其顿俨然已是一代强国。在希腊诸邦元气大伤的情况下，它以强悍的姿态介入其政治事务，从此在历史舞台上扮演了一个不容小觑的角色。

马其顿的来历

马其顿位于古希腊东北边陲，东邻色雷斯，西接伊利里亚，东南近卡尔西狄克半岛，由上、下马其顿两个地区组成。北部被称为上马其顿，以高原山区为主；南部为下马其顿，临近爱琴海，与古希腊城邦的接触比较多，是马其顿的政治、经济、文化中心。

马其顿人的民族成分复杂，主要组成部分是古希腊族群。从公元前3000年开始，居住在多瑙河下游和巴尔干半岛一带的古希腊人逐渐迁徙到希腊半岛北部，之后逐步分批南下，但有一部分多利安人仍留在北希腊，建立了马其顿。在此后漫长的历史过程中，多利安人与伊利里亚人、色雷斯人相互通婚，形成了马其顿民族。

因为马其顿人居住在遥远的北部，临近“蛮族”地区（古希腊人将不会说希腊语的外族人统称为“蛮族”），所以绝大多数古希腊人并不认同马其顿人是同胞，有时甚至会轻蔑地称他们为“野蛮人”。可是，古希腊人没有想到，在公元前4世纪下半叶，马其顿却成为全希腊的主宰。

在夹缝中求生存

公元前6世纪下半叶，马其顿完成了统一，实行君主制。虽然上马其顿和下马其顿统一成了一个国家，但是上、下马其顿的风俗习惯差异很大，不但语言不同，宗教信仰也迥然相异，所以他们仍然将彼此视为外族人。

公元前6世纪，波斯王大流士一世征服了色雷斯后，下一步计划是攻占古希腊，马其顿便是他的第一站。大敌当前，为了避免过多的流血和牺牲，当时的马其顿国王阿明塔斯一世立即宣布臣服并且呈献了贡品。马其顿于是成为波斯的属国，被划分为波斯帝国十个税区之一。马其顿的自愿归顺使大流士龙心大悦，于是下旨承认阿明塔斯一世之子亚历山大作为继任者统治马其顿的权力。

公元前480年，大流士之子薛西斯入侵希腊，马其顿曾经作为盟友协助波斯进攻。结果，波斯人在希腊碰得灰头灰脸，宣告远征失败。希腊城邦对于帮助波斯的马其顿恨之入骨，更加理所当然地将其排斥于希腊人之外。

然而，政治上的分歧并不意味着马其顿和希腊城邦的隔绝，相反它们之间的接触更加频繁了。或许这是由希腊城邦“小国寡民”的政治格局决定的。城邦之间经常发生冲突，但是如果有利益需要，敌视又能很轻易地被抛却，马其顿与希腊其他城邦的关系也是如此。为了消除希腊城邦的仇视，马其顿国王亚历山大一世宣称自己是阿尔戈斯人（多利安人的一支族群）的后裔，还信誓旦旦地说其实马其顿人对波斯并不忠心，只是虚与委蛇罢了。

^ 马其顿人入侵希腊

初步发展

希波战争后，雅典迅速强盛，斯巴达也不甘落后，希腊地区的经济飞速发展，进入了繁荣时期。马其顿却因为缺乏良好的港口而丧失了发展机会。为了发展马其顿，历任马其顿国王都在竭力与雅典和斯巴达打交道，试图从中受益。

亚历山大一世逝世后，其子帕迪卡斯继位。当时雅典已经进入了伯里克利的黄金时代。马其顿面临着很大的压力，感到了生存的危机，因此帕迪卡斯的外交政策时常在雅典和斯巴达之间摇摆不定。马其顿曾经与雅典结盟，然而两国间冲突不断。帕迪卡斯希望从与雅典的交往中获益，但又希望摆脱雅典的影响。在伯罗奔尼撒战争期间，马其顿曾一度支援斯巴达将军布拉西达占领雅典人的战略重镇安菲坡里斯，后来又和雅典结盟，之后又倾向斯巴达，其间反复无常。

公元前413年，阿克劳斯登上王位，成为马其顿的国王。他把都城从内地迁往近海的培拉城，如此一来，马其顿与希腊城邦的往来更加频繁便利了。阿克劳斯还邀请了许多希腊哲学家、诗人、艺术家来马其顿，著名的悲剧作家欧里庇得斯就是马其顿王室的长期座上宾。阿克劳斯大规模修建了培拉城，修筑宫殿，拓宽马路，并按照希腊军队的形制改编军队，还兴致勃勃地组织了奥林匹克运动会。

公元前399年，阿克劳斯被暗杀。此后的十几年间，马其顿国王不断更换，最终阿明塔斯三世登上了王位。没过多久，阿明塔斯三世亡故。此时，底比斯人干涉了王位继承，他们拥护已逝国王的长子帕迪卡斯三世登上王位，将次子腓力扣押在底比斯充当人质。没有人预料到，这个腓力王子将会成为马其顿称霸的重要人物。

历史断面

海伦的身世

海伦是希腊神话中最美丽的女子，她的身世颇有一番来历。原来，天神宙斯看见斯巴达国王廷达瑞俄斯的妻子丽达长得非常漂亮，便化作一只天鹅与她调情。后来，丽达生下了两个鹅蛋，其中一个鹅蛋生下海伦的哥哥卡斯托耳与波吕丢刻斯，第二个鹅蛋则生下天下第一美女海伦。由于是偷情所生，据说海伦的一生遭受诅咒，颠沛流离于不同的希腊英雄身边。

VISIBLE HISTORY OF THE WORLD

关键词：征战 / 对外扩张

腓力二世借计灭诸邦

▪ 公元前 359 年 ~ 公元前 336 年

从一个充当人质的王子，到一国之君，腓力付出了极大的努力。登基后，他勤于政事，兢兢业业，使马其顿日益强大。但是，腓力的雄心并不止于此，君临希腊才是他的终极目标。

从人质到国王

公元前367年，腓力王子在底比斯开始了自己的人质生涯。在底比斯，年轻的腓力获得了良好教育。他师从名将伊巴密农达和政治家珀罗庇得斯，在那里学习兵法和政治手段，还曾获得过古希腊奥运会战车比赛的冠军。腓力精力充沛，睿智精明，具有敏锐的洞察力。作为一个外邦人，他冷静地观察底比斯与雅典、波斯之间的权力斗争，对时局有着清晰的认识。

没过多久，马其顿国王帕迪卡斯三世（腓力之兄）在一场战役中阵亡，其子阿明塔斯即位，腓力回国，以王叔的身份摄政。公元前359年，腓力废黜幼主，自立为王，史称“腓力二世”。

为了巩固统治并促进马其顿经济的发展，腓力二世推行了一系列改革举措。他将国内各个部族团结起来，把马其顿整合为一个牢不可破的整体，并强化王权、削弱贵族会议和公民大会的权力，将全部军政财权集中到国王手里。他还推行币制改革，当时波斯采用金币，希腊采用银币，腓力二世采用金银双本位制，增强了马其顿的经济实力。这些改革中最引人注目的是他的军事改革。腓力二世建立了一支忠于国王的常备军，从贵族中挑选并培养军事指挥官，以保证他们对自己的忠诚。此外，他还组建了一支强大的舰队，并创建了著名的马其顿方阵。通过政治、经济、军事多方面的重大改革，马其顿国力大增。

^ 马其顿国王腓力二世

腓力二世通过对希腊同盟的控制，为日后亚历山大帝国的建立奠定了坚实的基础。

对外扩张

腓力二世是一个胸怀大志的人。他看到希腊城邦混战一片，便有心收拾残局，一统天下。但是，他清楚地认识到，如果过早地暴露自己的野心，必定会成为众矢之的。为了成就一番丰功伟业，他决定一步步着手实行自己的统一计划。首先，他通过谈判和贿赂等手段将色雷斯拉拢过来。此后，他本想用同样的手法对付伊利里亚，但是伊利里亚坚决不愿听令于马其顿。于是，腓力二世对其开战，以马其顿方阵大败伊利里亚。此举不仅扩大了马其顿的统治范围，还首次大显了马其顿强大的军事力量。为了使希腊其他城邦放松警惕，腓力还对雅典等城邦示好，为马其顿的强盛争取了足够的时间。

想进行征服战争，充足的财政支持是必不可少的。腓力二世收复了被希腊占领的马其顿沿岸殖民地，侵占了色雷斯西南部一处储量非常丰富的金银矿藏，并且向臣服的城邦收取各种税收，获得了大笔财富来源。这些收入的很大一部分被腓力二世用作扩充军队，还有一部分用来收买人心，在一些希腊城邦建立起了亲马其顿的党派。腓力二世向来重视金钱攻势的力量，他不无得意地认为，即使再坚固的城墙也抵挡不住金钱的威力。“驮金的驴子能翻越最高的城墙”这一则谚语便出自他口中。

公元前357年，腓力二世出兵占领了原属于雅典的安菲坡里斯城。安菲坡里斯城一度是马其顿和雅典之间冲突的焦点。在伯罗奔尼撒战争中，马其顿曾帮助斯巴达攻占了安菲坡里斯城。腓力二世的兄长帕迪卡斯三世在位期间，又与雅典合作，收复了安菲坡里斯城。但

是，此后帕迪卡斯突然撕毁了与雅典人的合作协议，自己占据了安菲坡里斯城。腓力二世回国后陷入激烈的权力斗争中，他以放弃安菲坡里斯城为条件换取了雅典人的支持。腓力二世如愿以偿以后，便撤出了在安菲坡里斯城的驻军，安菲坡里斯城再度成为独立城市。然而，不久后腓力二世不顾自己的诺言，再次强占了安菲坡里斯城。

^战斗中的亚历山大大帝

这件事终于让雅典幡然醒悟，看穿了马其顿的伪善。正当他们准备出兵夺回安菲坡里斯城时，盟邦反对雅典的“同盟战争”爆发了，雅典焦头烂额，无心对付马其顿。这场盟邦之间的战争，极大地消耗了雅典的军事实力，因此当战争结束后，雅典已经无力与马其顿争战。

神圣战争

腓力二世敏锐地察觉到，在经过了无数的混战之后，希腊城邦已经处于分崩离析的边缘，他等候

头盔

据说许多亚历山大的士兵都带着这种头盔，帽檐常被染成蓝色。

多年的时机终于到了。此时，刚好发生了一件事情，让他有了出兵的理由。在利益的驱使下，希腊中部的弗西斯占领了德尔菲神庙附近的土地。德尔菲人向近邻同盟提出控诉，底比斯作为联盟的领袖，代表近邻同盟对弗西斯课以重罚。因为这笔罚金过重，弗西斯人干脆一不做二不休，洗劫了德尔菲神庙，掠夺了大量财富，并利用这笔钱招募雇佣军，对抗底比斯。为了打击底比斯，雅典和斯巴达出兵支持弗西斯人。

公元前355年，弗西斯与底比斯之间的战争爆发，即“神圣战争”。这场战争把许多希腊城邦卷入其中。在多个城邦的支援下，弗西斯人打败了底比斯，并且继续向北部的帖撒利进军。弗西斯的雇佣军实力强大，帖撒利抵抗不了，急忙向腓力二世求援。当时腓力二世正在海上作战，他占领了雅典的盟邦迈弗纳。在迈弗纳之战中，腓力二世的右眼被敌箭射伤，后来不得不挖掉受伤的右眼，成为“独眼龙”。收到帖撒利的求救信，腓力二世立刻率兵进入帖撒利，击败了弗西斯人，同时也占领了帖撒利。

占领帖撒利后，腓力二世把目光投向邻邦。他大规模地向邻近的色雷斯、卡尔西狄克半岛派兵，正式将周围的邻国收入囊中。经过一番征战后，温泉关以北的希腊地区基本上已经全部归入腓力二世的统治之下。温泉关是扼守中希腊和南希腊的重要关口，只要越过了这道防线，雅典、斯巴达等主要城邦几乎是马其顿的囊中物了。

在神圣战争期间，雅典人在与马其顿争夺帖撒利附近地区的优卑亚失败后，曾试图联合斯巴达人共同反击腓力二世，可是斯巴达人的反应冷淡。雅典国内的求和派占了上风，雅典只好与马其顿人谈判。腓力二世也想暂时稳住雅典以腾出手来对付弗西斯，于是和雅典签订了合约，两国之间的战争暂告一段落。

和约签订后，应底比斯和帖撒利之邀，腓力二世领兵通过温泉关直下，进入弗西斯境内，彻底迫使弗西斯臣服。公元前346年，神圣战争结束，腓力二世赢得了“德尔菲神庙捍卫者”的崇高名誉，马其顿也成了近邻同盟的重要一员。这表明了马其顿已经正式加入到希腊世界中来，并且冠冕堂皇地干涉希腊的事务。雅典对于马其顿显示出来的霸气感到不满，但是在多数希腊城邦热烈欢迎马其顿的情形下，也只能无可奈何地顺应这种形势。

征服希腊

腓力二世在希腊世界赢得了赞誉，便暂时将希腊放在一边，转而出征赫勒斯本托斯海峡，攻打商业城市柏林斯和拜占庭。如果这两个城市和赫勒斯本托斯海峡落入马其顿人的手中，就等于切断了雅典的商业路线，将给雅典带来不可挽回的损失。雅典于是撕毁了和马其顿签订的和约，派出舰队开往赫勒斯本托斯海峡。公元前340年，雅典在拜占庭附近的海域大败马其顿，再现了往日辉煌。柏林斯、拜占庭等被拯救的城邦向雅典献出大量财富。雅典踌躇满志，打算利用这笔

历史断面

腓力二世的王陵

1977年，在马其顿的维金纳发现了一座疑似腓力二世的王陵。打开大理石制成的石椁，里面是一具精美绝伦的金棺。金棺里存放着经过火化的骨骸。复原后，学者们发现，这个人右眼处面骨严重变形，据此推断死者生前右眼附近应受过重伤。据史料记载，腓力二世曾在一次战斗中失去右眼，经过颅骨重塑之后的形象也与腓力二世的画像和雕像上的相貌惊人地相似，由此确定墓主人确实是腓力二世。

金钱重建昔日威风，将马其顿赶出希腊。

在雅典的号召下，底比斯、科林斯、麦加拉等大邦联合起来组成了反马其顿联盟。腓力二世也毫不示弱，率领强大的马其顿军开入中希腊，威胁着阿提卡半岛和彼俄提亚。公元前338年，双方在彼俄提亚北部的喀罗尼亚展开了决定希腊命运的一战。

希腊联军的兵力虽然略多于马其顿军，但是精锐不足。腓力二世在此役中使用了杀伤力极强的马其顿方阵，并任命其子亚历山大为马其顿军队副统帅，指挥起尖刀作用的左翼部队，他本人指挥右翼。

约公元前2300年至公元前2200年的古希腊大理石女神雕像

战况十分激烈，双方相持很久都不分胜负。在一片号角声中，亚历山大率领骑兵以菱形突入雅典方阵的右侧，然后绕到底比斯军队后面，向压阵的底比斯精英部队"神圣战队"发动进攻，将这300人全部歼灭。起初，腓力二世指挥的右翼一度受挫，幸好亚历山大率领的骑兵在击溃底比斯军后迂回绕到雅典军的后方，减轻了右翼的压力。腓力二世及时调整方阵队形，向联军反扑。至此希腊联军全线溃退，马其顿军大获全胜。此后，腓力二世以谈判、武力侵占等手段迫使各城邦屈服，从此彻底主宰了希腊世界。

次年，腓力二世召开"科林斯会议"，除了斯巴达之外，其他各邦都参加了。在这次会议上，腓力二世以一个胜利者的姿态确立了希腊的新秩序，

∧ 在德尔菲的阿波罗神庙后面有一座露天大剧场。剧场始建于公元前4世纪，有35级看台，可容纳5000名观众。

宣布希腊从此和平，禁止城邦之间的战争，并成立“泛希腊联盟”，预备进攻波斯。

此后，腓力二世便将全部的精力集中到远征波斯的准备工作中。然而，一次意外终结了他的宏伟计划。公元前336年，腓力二世在他女儿的婚宴上遇刺身亡。王位由他20岁的儿子亚历山大继承。当时古希腊人都欢欣鼓舞。腓力二世这个雄才大略的君主身亡了，继位者只不过是个年轻人，希腊的独立自由指日可待。

但正是这个被德摩斯梯尼轻蔑地称为“小男孩”的亚历山大，成就了他祖祖辈辈都未能实现的辉煌伟业。

关键词：远征 / 帝国 / 统治

亚历山大的帝国之梦

▪ 公元前 356 年 ~ 公元前 323 年

无论是西方史还是世界史，亚历山大都是一个不能忽略的伟大人物。他年轻有为，是个天才的军事家。在短暂的一生中，他大部分时间都在四处征战，建立了一个史无前例的横跨亚、非、欧三洲的庞大帝国，令全世界为之震撼。

亚历山大继位

亚历山大出生于公元前356年，是腓力二世与埃比拉斯公主奥林匹娅丝之子。亚历山大在少年时代就曾因驯服过一匹连骑手都无法驾驭的烈马，备受父王称赞。13岁时，亚里士多德来到他身边。在母亲和老师的双重影响下，亚历山大深深地迷上了博大精深的古希腊文化。他尤为喜爱《荷马史诗》，就连睡觉时也把这本书和剑一并放在枕头底下。

从16岁起，亚历山大随父亲南征北战。在长期的征战过程中，他显示出了坚强的意志和出众的智力。据说，每当他得悉父亲获胜的消息时就发愁，感叹父亲成就了所有的丰功伟绩，没有给他留下完成一番伟业的机会。在喀罗尼亚之战中，亚历山大指挥马其顿军队的左翼取得了辉煌战果，奠定了他身为王位继承人的地位。

公元前336年，腓力二世遇刺身亡，年仅20岁的亚历山大即位。对于腓力二世的死因，后人有许多猜测。有人认为是亚历山大的生母奥林匹娅丝王后不满腓力二世另娶新后，遂与儿子合谋杀了他；也有人认为是马其顿贵族中不满腓力二世的人所为；还有人认为这是波斯人策划的，目的是阻止他的东征。

威震古希腊

亚历山大继位之初，面临的形势十分严峻复杂。腓力二世的死讯传开后，不仅宫廷内部一片混乱。色雷斯、伊利里亚等北方各部落相继发生暴动，古希腊各城邦也蠢蠢欲动，准备推翻马其顿的统治。亚历山大首先出席了科林斯的泛希腊会议，除了斯巴达之外，他成功地迫使希腊各城邦承认了他的统帅地位。回国后，他果断地逮捕并流放了一批不忠于他的贵族，并出兵镇压色雷斯、伊利里亚及其他北方部族的叛乱。

此时，古希腊盛传亚历山大镇压叛乱失利并已死亡的谣言，各城邦欣喜若狂。底比斯首先发动起义，进攻其境内的马其顿驻军，并邀请各城邦结成反马其顿同盟，这次连波斯也加入了。

∨ 亚历山大大帝青铜雕像

亚历山大大帝以他卓越的政治才能和军事天赋，建立了一个横跨欧、亚、非三大洲的庞大帝国。

但是，在这些城邦还没有达成一致决议时，亚历山大的军队已如神兵天降般抵达底比斯的城下。马其顿大军逼降不成，遂发动了猛攻，不日即将底比斯城攻陷。亚历山大决定杀一儆百，下令将底比斯夷为平地，除了神庙和诗人品达的故居，城内所有的建筑都被毁于一旦，绝大多数居民沦为奴隶。其他城邦被马其顿的残暴所威慑，纷纷俯首称臣。亚历山大对于自愿屈服的城邦表现出了极大的宽容心，对他们（尤其是雅典）待之以礼。

在彻底征服古希腊后，亚历山大以“为古希腊复仇”为理由，发动了对东方的征服战争。他之所以打着“为古希腊复仇”的旗号，一方面是为了博取古希腊人的好感，一方面也算是为马其顿的出征制造借口。

征服小亚细亚

出发之前，亚历山大将自己大部分的土地和财产赠予了朋友，以示背水一战的决心。为了防止希腊人再度起义，他派重臣安提帕特和部分军队留守马其顿，随时警惕希腊各邦的动静。

公元前334年，亚历山大率军从马其顿的都城培拉出发，随军的有帕迪卡斯、帕尔梅尼昂等著名将

领。马其顿大军经过色雷斯境内，横渡赫勒斯本托斯海峡。到达对岸后，亚历山大第一个下船，踏上了亚洲的土地。当大军接近神话传说中特洛伊的遗址时，亚历山大将长矛投入地上，敬献给雅典娜，并向阿喀琉斯的陵墓敬献花环，表示要取得与阿喀

^ 亚历山大大帝指挥建造亚历山大城

^ 这幅画出土于庞贝古城的“农牧神殿”，是罗马时期根据古希腊作品创作的一件仿制品。画面颂扬并喜剧性地再现了马其顿国王亚历山大对波斯皇帝大流士三世战役的胜利。

琉斯一样伟大的功绩。

在亚历山大渡过赫勒斯本托斯海峡后，驻小亚细亚的波斯总督们（波斯将征服的土地划分为若干个区域，任命波斯权贵统治，地区行政长官被称为“总督”）紧急召集了2万骑兵和由梅农统帅的古希腊雇佣军等候在格拉尼库斯河口，准备迎击马其顿军队。

梅农是一个有远见的军事家。针对马其顿军人数少、给养难以跟上的劣势，他提出要展开延长战，慢慢地消耗马其顿人的兵力，同时切断他们的退路。这样一来，便可拖死马其顿军。但是波斯总督们不相信梅农这个古希腊人，他们认为既然波斯的军队在数量上远远大于马其顿，可利用这个优势迅速歼灭敌人。结果，波斯军队惨败，两千余名古希腊雇佣军被俘。为了惩罚这些“叛徒”，亚历山大将他们全部戴上镣铐，充当奴隶。

此役之后，大多数城邦闻风丧胆，纷纷打开城门投降。小亚细亚很多城邦早已对波斯心存不满，因此一听到马其顿人到来的消息，立刻出城相迎，只有米利都和哈利卡纳苏斯两个城邦进行了顽强抵抗。梅农率领古希腊雇佣军固守哈利卡纳苏斯。他本来打算率舰队切断亚历山大与欧洲的联系，并煽动古希腊的反马其顿同盟起义，但不幸在一次战斗中阵亡。经过激烈的战斗，这两座城市也归属了马其顿。不到半年时间，亚历山大便征服了小亚细亚。

大败波斯军

征服小亚细亚后，亚历山大深刻地意识到，他眼前最大的威胁来自波斯舰队。波斯拥有海上的制海权，随时可以攻占赫勒斯本托斯海峡，切断马其顿军的补给，使他们在亚洲孤立无援。于是他计划沿海岸线南下，掌控叙利亚和巴勒斯坦的海岸线，然后入侵当时也属于波斯帝国的埃及（埃及时而脱离波斯，时而归属），占领东地中海海岸线上的一切港口，控制波斯所有的海军基地，从而取得海上霸权。

当时的波斯王大流士三世识破了亚历山大的意图，率军追击亚历山大的军队。波斯军队在叙利亚的伊索斯附近追上了马其顿人。大流士的军力不明，有人说有60万人，有人断定只有10多万人，但是可以确定的是，其士兵人数远远多于马其顿。虽然以寡敌众，但亚历山大早已习惯了用精悍的部队冲垮敌人的大军，此时让他忧心忡忡的更多是国内的形势。他刚刚收到快信，信中称斯巴达正在与波斯海军密谋，准备起兵反抗。如果后院起火，后果将不堪设想。然而远在亚洲的他又无计可施，只好寄希望于漂亮地打赢此仗，威慑斯巴达和波斯。

公元前333年，马其顿和波斯在伊苏斯展开会战。亚历山大直捣大流士御驾亲督的中路。大流士三世怯阵脱逃，致使波斯军心涣散，全线溃败。大流士三世的母亲、妻子、儿女都成了亚历山大的俘虏。更令亚历山大高兴的是，国内也传来了喜讯：在大臣安提帕特的镇压下，斯巴达人和波斯人的暴动没有成功。

大流士三世在伊苏斯战役战败后，率领残部仓皇逃到两河流域。在那里，他给亚历山大写信，希望通过谈判将他的眷属赎回来。亚历山大嗤之以鼻，傲慢地说道：“我是全亚洲的主宰，你没有资格和我谈条件。”不久，大流士三世又表示愿以重金赎回人质，把女儿嫁给亚历山大，并把从赫勒斯本托斯海峡至幼发拉底河的亚洲领土割让给马其顿。然而亚历山大仍然不屑一顾，他要的不只是这点土地，而是整个亚洲，甚至是全世界。此后，大流士三世的眷属便作为人质留下，不过亚历山大一直对他们礼遇有加。

埃及之王

在伊苏斯战胜波斯人后，亚历山大没有乘胜追击大流士三世，而是按原计划继续南下，将腓尼基人的沿海城市逐个攻破，其中包括西顿、推罗等著名城市。在推罗，亚历山大遭遇了顽强抵抗，花了7个月时间才攻打下来。为了泄愤，他进行残酷的屠杀后，将幸存的居民全部卖作奴隶。经过连续征战后，所有的波斯海军基地，连同腓尼基的舰队，全部落入了亚历山大的掌握之中，他因此获得了东地中海的绝对控制权。自此，他便可以毫无顾忌地进攻波斯了。

此后，当亚历山大顺利地到达埃及时，波斯总督立即表示投降。埃及人恨透了波斯人的压迫，兴高采烈地把亚历山大当成解放者一样欢迎他。埃及是亚历山大慕名已久的文明古国，既然埃及人如此友好地欢迎他，他自然也很乐意采取怀柔政策。亚历山大在埃及待了6个月，他首先前往名城孟菲斯，敬奉了埃及众神，而他对埃及神灵的崇敬和当地风俗习惯的宽

∧ 亚历山大城是一个建筑上极完美的港口城市，亚历山大建此城主要是为长期征战的部队提供补给。

容也得到了埃及人的好感和信任。而后，他朝拜了位于利比亚沙漠锡瓦绿洲上的阿蒙（埃及宗教中的最高神）神庙，受到了祭司们的热情款待，祭司们甚至将他称为“神之子”。也许是无上的尊荣使亚历山大有点陶醉了，他欣然接受了埃及法老（即埃及的国王）的尊号。在此期间，他还亲自选址规划

^骁勇善战的亚历山大大帝

亚历山大是历史上富有戏剧性的人物之一。作为战士，他智勇双全；作为将军，他无与伦比。在多年的奋战中，他从未打过一次败仗，他还是哲学家亚里士多德的学生，喜读荷马诗歌。

了新城市的建设，这座以他的名字命名的亚历山大城后来成为世界上最繁华的城市之一。

波斯覆灭

公元前331年春，亚历山大离开埃及，朝波斯帝国的心脏地带进发。他率军东渡幼发拉底河，抵达了美索不达米亚平原。同年9月，在亚述古国故都尼尼微附近的高加米拉，马其顿军与波斯军相遇，爆发了一场决定性的战争。

大流士三世紧急征调了大量兵力。他从所有骁勇善战的部族里征兵，还把阿尔明尼亚、印度等附属国的军队全部召集起来。亚历山大虽然也及时补充了人马，但兵力仍然少于波斯。然而，他凭借卓越的军事才能再度以少胜多。亚历山大统帅骑兵猛攻大流士三世所在阵队。大流士三世胆战心惊，再次落荒而逃。这仿佛是一个撤退的信号，波斯军无心恋战，纷纷仓皇逃窜。逃跑过程中，无数波斯士兵被追击的马其顿大军歼灭。此役波斯死伤惨重，据说有10万人阵亡，而马其顿只损失了几百人。

亚历山大继续向东推进，深入了波斯腹地，逼近古都巴比伦。公元前330年，马其顿军队洗劫了巴比伦、波斯都城苏萨以及另一都城波斯波利斯，夺得近500万千克黄金、白银和无数财宝。亚历山大下令焚烧了波斯波利斯的王宫，将这座城市焚毁殆尽。他以此举证明了波斯的命运已经牢牢掌控在他手中。

此后，亚历山大开始追击大流士三世。然而，在他追上之前，众叛亲离的大流士三世在逃亡中已经被巴克特里亚总督贝索斯杀害。亚历山大抓获了自立为王的贝索斯，以弑君罪将其处死，并将大流士三世的尸体运回波斯波利斯安葬，表示了对这位波斯王的尊重。

班师回国

大流士三世之死标志着波斯帝国的覆灭，亚历山大成为了波斯帝国的统治者。然而亚历山大内心的征服欲望还远远未能消解，他继续向东进军。此后的三年里，马其顿军在高加索和中亚细亚一带和当地部族进行了持久战，虽然经受了不少挫折，最终还是击败了当地土著人和巴克特里亚。出于政治上的考虑，亚历山大娶了巴克特里亚公主罗克珊为妻。

^ 亚历山大大帝与他的第一任妻子罗克珊

公元前327年，亚历山大又出兵印度。他统帅大军从里海南岸东进，征服阿富汗，进入印度，并挫败了印度众国。

亚历山大本来拟定沿着印度河继续南下，但其部下再也不肯前进了。他们在外征战多年，思乡心切，又因印度多雨酷热，瘴气连天，军队内部普遍产生了厌战情绪，几乎导致哗变。亚历山大还想着激励将士的勇气，但是这一回每个人都沉默了。亚历山大无可奈何，只好下令班师回国。大军一路上历经千辛万苦，不时面临当地土著的反抗，亚历山大也差点在一场战斗中死去，不过他们最终还是顺利地回到了波斯都城苏萨。公元前324年春，为了促进马其顿人、古希腊人和波斯人的融合，亚历山大在苏萨举办了一场别开生面的大型集体婚礼。他娶了大流士三世的女儿为妻，其他将领同时也与波斯的贵族女子结婚。据说，成千上万的士兵也纷纷效法，娶了亚洲女子。

史无前例的伟大帝国

同年，亚历山大将巴比伦作为新都，建立了一个庞大的帝国——马其顿帝国，也称亚历山大帝国。他将国家的治理权一部分给了马其顿人，一部分给了古希腊人，一部分给了波斯人。当然，至关重要的军事权力还是掌握在马其顿将领手里。

出于统治的需要，亚历山大开始亲近波斯人。他遵照波斯的风俗，穿戴波斯人的服饰，并允许因年老或残疾而无法服役的马其顿军人回国。没想到这却引起了将士们的不满和哗变，他们认为亚历山大抛弃了伴随他出生入死的士兵。亚历山大成功地制止了他们的哗变，并举行了马其顿人和波斯人共同参加的宴会。在宴会上，他动情地表示无论是马其顿人还是波斯人，都是马其顿帝国的一员，大家应该团结起来，和平共处。

公元前323年春，亚历山大回到首都巴比伦。在那里，他接见了欧亚各国的使团，还制订了许多宏伟的计划。例如，探险里海，看它到底是内陆湖还是海湾；远征阿拉伯，实现他称霸全世界的梦想；等等。然而，这些计划还没来得及实现，亚历山大就于同年6月突然染上了恶性疟疾。在连续10天的高烧之后，他的病势日渐沉重，时常陷入昏迷当中。6月12日，他的老兵们排成纵列，在他面前一一通过。亚历山大虽然已经不能说话了，但还是行注目礼，最后一次检阅了他们。次日，亚历山大病故，享年33岁，被葬在埃及的亚历山大城。

帝国四分五裂

亚历山大病故后，留下了广阔又令人垂涎的帝国领土。亚历山大的妻子罗克珊虽然为他生下了一个遗腹子埃戈斯，但这个孩子太小了，因此有些将领更倾向于将亚历山大同父异母的弱智兄弟阿利德斯推上王位。经过激烈的争斗，两派终于达成共识，让阿利德斯和埃戈斯共治，即腓力三世和亚历山大四世。

亚历山大临终前曾把权力委托给大将帕迪卡斯。在亚历山大死后的两年里，帕迪卡斯担任摄政王，使帝国的团结还勉强维持着。但是帕迪卡斯独揽大权招致了其他将领的嫉妒。公元前321年，帕迪卡斯被谋杀，马其顿帝国从此陷入混乱之中。弱智国王和寡后、幼主根本无法控制野心勃勃的将领们，亚历山大的母亲、妻子、儿子、姐姐和同父异母的兄弟在权力斗争中相继被谋害。

由于将领们互相厮杀、争权夺利，国政混乱不堪，亚历山大帝国在亚历山大死后很快就瓦解了。经过20多年的混战，亚历山大帝国最终分裂为三个部分。塞琉古抢占了小亚细亚、美索不达米亚及叙利亚北部，建立了塞琉古王国；托勒密占领埃及及叙利亚南部，建立了托勒密王国；安提柯统治马其顿和希腊，建立了马其顿王国。

历史断面

亚历山大城

亚历山大大帝东征期间，曾建立起许多以他的名字命名的城市，其中最著名的就是埃及的亚历山大城。公元前332年，亚历山大来到埃及后，命令在地中海海岸建立起一座新城市，这就是亚历山大城。可惜亚历山大本人并没有看到城市的竣工便病故了。在亚历山大继任者的经营下，亚历山大城成为古希腊世界中最伟大的城市，云集了来自世界各地的学者。其城市布局规整，建筑恢宏壮丽，包括博物馆、图书馆，还有世界七大奇迹之一的法罗斯灯塔。

关键词：马其顿战争

罗马入侵，古希腊终结

▪ 公元前 215 年 ~ 公元前 31 年

正如人有生老病死一样，一个时代也有其兴衰历程。希腊衰落之时，正值西方强国罗马兴起。他们趁古希腊内乱、相互征伐之际，一举领军入侵，攻占了古希腊诸邦。但强悍的罗马人虽然征服了古希腊，却反过来为被征服者的文化所征服。

罗马的强大

早在伯罗奔尼撒战争之后，古希腊境内便战火不绝，各邦力量彼此消耗虚弱，后来终于被马其顿所灭。亚历山大大帝逝世后，经过一番残酷的争权夺利，大将安提柯在马其顿和古希腊建立起了安提柯王朝。然而这个王朝非常不稳定，古希腊城邦不愿马其顿人凌驾于自己之上，于是分别成立了埃托利亚同盟和阿卡亚同盟。

这两个联盟时而相互斗争，时而联合共抗马其顿，偶尔还会联合马其顿来扩张势力或镇压反对力量。马其顿也时常利用各种机会牵制这两个联盟的行动。到了公元前3世纪下半叶，古希腊的局面一片混乱，颓势日显。此时，西方强国罗马悄然崛起。

罗马人发迹于意大利半岛。当它征服意大利半岛后，便开始向海外扩张。罗马不动声色地向东进发，趁着古希腊内乱之际，逐渐征服了地中海的一些沿海城市。当时马其顿的国王腓力五世是一个野心勃勃的人。他试图结束古希腊混乱的形势，同时也在暗中防备罗马为所欲为地东扩。

在国内，腓力五世联合阿卡亚同盟统帅阿拉图，一举将斯巴达的改革之火扑灭。后来他又派人毒杀了阿拉图，使得阿卡亚同盟元气大伤。当腓力五世发现罗马已经逐渐向马其顿的近邻伊利里亚渗透时，非常恼火。于是他和迦太基的名将汉尼拔联盟，想借助迦太基削弱罗马人的实力。迦太基是地中海强国，罗马入侵地中海损害了迦太基的利益，两国很快爆发了战争。大规模的战争有两次，史称“第一次布匿战争”和“第二次布匿战争”。

^ 古希腊战马

第一次马其顿战争

在第二次布匿战争期间，腓力五世和迦太基结盟，共同对抗罗马，于公元前215年，发动了第一次马其顿战争。当时罗马正与迦太基在意大利半岛激战，因此仅派出少量兵力牵制马其顿。迦太基大将汉尼拔极力劝说腓力五世向意大利派兵，可是腓力五世却犹豫不决。一方面他有感于罗马的强大，如果他正式卷入战争，倘若罗马失败尚好，如果战败的是迦太基，那么马其顿就是罗马下一个枪口对准的对象了。再加上此时古希腊各城邦蠢蠢欲动，他忙于镇压，实在是分身乏术。于是，这个绝好的机会在腓力五世的优柔寡断中被断送了。

为了牵制马其顿，罗马派人前往古希腊城邦寻求结盟。公元前211年，罗马人与埃托利亚同盟联合，约定埃托利亚同盟立即与腓力五世展开陆战，所获领土归同盟所有，罗马人负责提供海军支持。不久，许多古希腊城邦看到了好处，纷纷加入这个联盟。在罗马人的煽风点火下，古希腊城邦开始了对马其顿的战争。

腓力五世非但不能将罗马驱赶出去，反而把战火引到了古希腊，使自己陷入重围。为了巩固马其顿对古希腊的控制，他始终不敢冒险撤出古希腊的兵力，也无暇腾出手对付罗马。公元前205年，马其顿和罗马缔结和约，大体上维持战前局势。

古希腊雄辩家德摩斯梯尼雕塑

战火再起

第一次马其顿战争，马其顿与罗马可以说打了个平手。但是在战争之后，形势发生了逆转，罗马占据了绝对优势。在布匿战争中，罗马打败迦太基，获得地中海城市迦太基的控制权，取得了海上霸权，使其在古希腊城邦内部的影响力也逐渐扩大。果然如腓力五世所料，好战的罗马将下一个目标对准了马其顿，

^ 演说中的古希腊雄辩家德摩斯梯尼。他的演说词结集出版，成为古代雄辩术的典范。

而第一次马其顿战争充分给了它东扩的口实。

亲眼目睹罗马的势力一天天壮大，腓力五世焦虑无比，他急需扩张势力范围，从而增加与罗马作战的资本。公元前205年，埃及托勒密王朝的统治者托勒密四世逝世，幼主继位，宫廷内的王公大臣相互倾轧。埃及的衰弱，引起了马其顿王国和塞琉古王国的觊觎。腓力五世和塞琉古国王安条克三世缔结密约，合伙瓜分埃及在欧洲和亚洲的势力范围。

面对虎视眈眈的马其顿和塞琉古，埃及人仓皇失措，于是派使者前往罗马寻求庇佑，并请求罗马做他们幼主的监护人。罗马对埃及的请求欣然应允，并以埃及国王的监护人自居，警告腓力五世和安条克三世不得随意进犯埃及。两位国王闻讯后非常恼火。在他们看来，埃及是他们内部的事情，罗马根本无权干涉，所以对罗马的警告置若罔闻。接着，罗马借口为埃及讨回公道，悍然发动了战争，即第二次马其顿战争。

罗马很快组建了一支军队，在执政官萨尔彼喜阿斯的率领下迅速渡海，前往雅典。萨尔彼喜阿斯派遣一支小分队从雅典出发，洗劫了马其顿人聚居的城市。腓力五世盛怒，立刻派兵进攻帮助罗马的雅典。但是雅典久攻不下，他便疯狂地洗劫了附近的地区才返回。腓力五世此举引发了所有古希腊城邦的愤怒，除了阿卡亚同盟还处于观望之中，其他城邦纷纷站在罗马人这边，联合起来对抗马其顿。此后马其顿和罗马发生了几次小规模的战争，互有胜负。

争取到塞琉古的保持中立后，罗马执政官弗拉米尼乌斯率军入侵古希腊，打算对马其顿展开致命性的打击。他积极地向古希腊城邦派出使者，争取结盟。这一次，他争取到了阿卡亚同盟，古希腊城邦基本上已经全部加入了与罗马的联盟。

公元前197年，弗拉米尼乌斯率领罗马及同盟国军约2万人，与腓力五世指挥的马其顿大军会战于古希腊北部的锡诺斯克法莱山（即狗头山）附近。马其顿军惨败，腓力五世被迫求和。翌年，双方签订了合约，合约规定：腓力五世退居马其顿地区，放弃其他所有领地；承认古希腊各邦独立；向罗马支付巨额赔款；马其顿军队的人数不得超过5000人，未经罗马许可不得进行战争。

从此，往日强盛的马其顿沦为了一个弱小的国家，永远失去了对古希腊地区的影响力。而古希腊各邦虽名为独立，实际上是落入了罗马的控制当中。

第三次马其顿战争

公元前179年，腓力五世在抑郁中逝世，继位的是他的儿子佩修斯。佩修斯年轻气盛，看到国家沦为罗马的附属，心中愤恨不已。他一边派人前往罗马表示善意以稳住罗马人，一边暗中召集军队，增强兵力。然而，罗马人通过间谍的刺探，还是知道了佩修斯的密谋。公元前 171年，罗马向马其顿宣战，进军古希腊，这便是第三次马其顿战争。佩修斯希望得到伊利里亚和色雷斯的帮助，但是都被拒绝了，只好孤军奋战。

起初，罗马军数次受挫，因为作战地区多在山区，而罗马人不善于山区的机动作战，连续替换了3名将帅也不济事。后来，罗马委任执政官埃米利乌斯为统帅。埃米利乌斯颇具军事头脑，他重整军队，并悍然越过高山峻岭，挺进古希腊。

在埃米利乌斯的追击之下，佩修斯不断地后撤，最后率马其顿军3万余人在北部的皮德那安营扎寨。罗马军紧随而至。同年6月22日傍晚，双方在此展开了皮德那会战。马其顿军率先发起进攻，击溃罗马军前锋。罗马军无法从正面攻破固若金汤的马其顿方阵，于是向后方的山区撤退。马其顿军追击，但是方阵在崎岖不平的地形上难以保持严整的队形。佩修斯因为求胜心切，犯了致命的错误。

埃米利乌斯利用马其顿方阵出现的缺口率军插入。方阵被冲散后，马其顿军开始溃败，佩修斯的逃跑加剧了马其顿士兵的逃窜。此役马其顿军大败，2万人阵亡，1万余人被俘。佩修斯在逃跑途中被擒，被判处终身监禁，次年死于狱中。

罗马军占领并洗劫了马其顿，废除了安提柯一马其顿王朝。罗马政府下令将马其顿划分为4个共和国，禁止各个共和国居民通婚和商贸往来，同时命令他们每年将一半赋税交给罗马。在名义上马其顿还挂有“共和国”的名号，实际上却已经成为罗马的行省了。

共抗罗马

罗马人的残酷压迫激起了马其顿人的激烈反抗。公元前149年，马其顿人安得利斯克伪称是佩修斯之子腓力，率领马其顿人起义。在色雷斯人和一些古希腊城邦的支持下，他坚决反抗罗马，但起义最终被罗马镇压。

为了防止马其顿人再次起义，公元前146年，罗马干脆撕破了掩人耳目的薄纱，将马其顿归为罗马的一个行省。

古希腊人赶走了“豺狼”马其顿，又迎来了罗马这只“猛虎”。正如当年不愿屈服于马其顿之下一样，他们同样不情愿向罗马俯首称臣。因此当马其顿人安得利斯克起义时，古希腊也出兵协助了。罗马人为了严惩古希腊人，摧毁了起带头作用的科林斯，然后攻占了所有参与起义的城邦，拆毁它们的城墙，杀死起义首领，最终将古希腊也变成了罗马的行省。

唇亡齿寒，当马其顿王国覆灭时，塞琉古王国和埃及托勒密王朝也感觉到了危机。他们都曾与罗马作战，然而最终还是抵抗不了强悍的罗马人，分别于公元前64年和公元前31年落入了罗马人之手，成为罗马帝国庞大领土的一部分。至此，偌大的亚历山大帝国彻底宣告瓦解。

罗马人虽然在军事上征服了古希腊人，但是在文化和思想上反而被古希腊人同化。占领古希腊后，罗马人为古希腊的建筑、艺术、宗教、文学和哲学所震撼，以至于在当时罗马的上层社会，学习古希腊文化成为一种风尚。罗马人如饥似渴地吸收古希腊文化的精华，逐渐转化为自身的一部分，从而在此基础上创造出了灿烂的罗马文明。

历史断面

德摩斯梯尼力挽狂澜

德摩斯梯尼出生于雅典一个富商家庭，他从小失去父亲，曾向雅典著名演说家学习演讲术。他的演讲气势宏大，铿锵有力，极具说服力。当德摩斯梯尼踏入雅典政坛的时候，正值马其顿国势蒸蒸日上、军事四处扩张之时。当腓力二世进攻赫勒斯本托斯海峡时，德摩斯梯尼充满爱国激情的演说促使雅典人撕毁与马其顿签订的和约，派兵前往增援。其后，他游说各城邦联合起来形成同盟，共同抗击马其顿。

^ 罗得港

公元前3世纪的罗得斯岛是古希腊一处重要的海上力量和文明中心。

专题

古希腊的海军和步兵

⊙装备革新 ⊙战略战术 ⊙陆上王者

古希腊城邦中，提起海军，就不得不提雅典；说到陆军，斯巴达骁勇善战的步兵更是军事史上的一个奇迹。一海一陆，古希腊的海军和步兵共同谱写了辉煌的篇章。

强大的海上舰队

古希腊是由半岛和岛屿组成的，直面宽广的爱琴海和地中海，出于保护商业贸易和自卫的需要，古希腊的海军建立得很早，其阵容齐整，实力雄厚，其中最为强大的是雅典的舰队。

目前，我们所能知道的较早关于战船的记录来源于《荷马史诗》。众所周知，虽然史诗讲的是公元前12世纪的一场战争，但其背景却是作者荷马所处的时代——公元前8世纪，所以史诗中描述的船只，几乎可以肯定地说就是希腊城邦建立初期的战船。

当时的战船主要分两种：20桨的轻型船和50桨的战船，只有船首和船尾有甲板，桨手们坐在椅子上

▲50桨船模型

面对船尾划桨。船上配有桅杆和四方帆，桅杆、索具和帆都是可以拆卸的，等到作战的时候便会将这些设备拆下来以减轻重量。这种战船轻便灵巧，但是稳定性不高，很容易翻船。

▲正准备参加战斗的古希腊步兵

公元前7世纪，古希腊邻国从事商业和贸易的腓尼基人发明了两层桨战舰，因为桨手分上下两层坐在船体内而得名。这一先进造船技术很快被古希腊人采用。古希腊人在此基础上很快做了革新，在战舰上又加上一层桨手座位，即三层桨战船。船体前方呈尖锐状，叫作“撞角”，木制材料，外面用金属裹住以增加坚硬度，用以撞击敌船。船头画上眼睛，起到威慑的作用。三层桨战船因为行动灵活，牢固耐用，到了公元前6世纪，已成了海军的主要装备。

海上战争

一旦准备开战，双方会选择一个比较开阔的海域，面对面呈“一”字形排开。在正式开战之前，双方都在舰上举行仪式，祈求神灵（雅典娜、战神阿瑞斯或其他城邦保护神）的保佑。

古希腊最常见的海军战术有三种：一种是快速绕

到敌舰后方，从后边用撞角冲撞敌舰，因为船的后部没有防御，成功撞沉对方的概率比较高；第二种是快速划动，从敌舰旁边侧身擦过的一瞬间提起船桨，撞破对方的船桨，这种战术需要极快的速度和全体船员的配合，否则自己的船桨也会被撞破；第三种是朝对方冲过去，在关键时刻转向，撞击敌舰的侧翼。

战船的造价非常昂贵，当时水手的薪资也不低，因此养活一支舰队很不容易，只有非常富裕的城邦，例如雅典、科林斯才有足够的财政预算将大量的战船组编起来，其他不太富裕的城邦就只能在陆军上下功夫了。

步兵的王者

公元前8世纪，正规陆军初建时，骑兵是军队的主体部分。但是希腊半岛多山多丘陵，少平原，不太适合骑兵作战，所以到了公元前7世纪，人们逐渐注重步兵在战争中的运用。步兵分重装步兵和轻装步兵两种，其中重装步兵是古希腊军队的主要兵力。

重装步兵全身装备有：头戴青铜头盔，身穿由皮革和青铜制成的铠甲，小腿上裹着胫甲，左手拿着圆盾，右手执青铜长矛。重装步兵与骑兵一样，装备也是需要自己出钱购买的，所以成员大多是上层公民。有些贫穷的公民买不起盔甲和武器，只好成为轻装步兵，他们的装备有轻矛、标枪、弓箭、投石器等，辅助重装步兵进攻并负责后勤。

陆上决战

早期的作战形式是战士一对一地比拼。自从重装步兵成为军队主力后，作战方式有所改变，变成了方阵对决。重装步兵作战多在平地上，士兵们排成方形纵队，一般有8列~12列。前3排士兵举矛过肩，对着敌人，后面的人把长矛架在前面人的肩膀上。长矛一排比一排举得高，最后几排朝天高举长矛，形成了一个固若金汤的整体，用盾牌和身体的力量冲撞对方，直到一方溃败逃跑。

古希腊轻装步兵的作战方式也是值得一提的。在平地上，他们协助重装步兵作战，如果碰上攻城，那么他们自己便成为主力阵容。攻城的装备有弩机、攻城锤、攻城塔，等等。

所有古希腊城邦的公民几乎都有服兵役的义务。斯巴达的全民终身服役制且不说，雅典男子年满18岁就开始进行军事训练，到60岁为止，时刻都有战时从军的义务。

手持长矛和盾牌的古希腊士兵

第五章

光荣属于古希腊

戏剧在古希腊具有划时代的意义，它与其他文化载体一起，共同构成了古希腊文明独一无二的迷人魅力。“精神领袖”苏格拉底、哲学家柏拉图、“帝师”亚里士多德，他们的思想闪烁着智慧的光芒，成为古希腊历史上的座座丰碑。

古希腊的建筑是西方古典建筑的基石，风格壮观而博大；古希腊的雕刻艺术是西方理想主义与现实主义的融合，充满了理性美，在世界建筑雕刻史上意义深远。

VISIBLE HISTORY OF THE WORLD

关键词：酒神祭祀 / 悲剧 / 喜剧

戏剧演绎的多彩人生

■ 公元前 5 世纪起

戏如人生，人生如戏，古希腊人在戏剧舞台上尽情演绎着人生的悲欢离合。悲剧表现了灵魂的呻吟，命运的无常；喜剧插科打诨，嬉笑怒骂嘲讽世间的不公平和荒唐。笑与哭，赞誉与讥诮，演绎了一幕幕离奇精彩的人生戏码。

起源于祭祀

古希腊戏剧起源于对酒神狄奥尼索斯的祭祀，每年春秋两季，人们进行大规模的游行歌舞，以祈祷葡萄的旺盛生长或庆祝丰收，欢唱酒神颂歌。这一类的赞颂活动，常常是由一个善唱的人作为队长率领一队歌唱队边游行边唱，这期间队长与队员们一唱一和，并伴有舞蹈动作。戏剧便是从祭祀中的歌舞演变而来的，在这一过程中，逐渐演化为古希腊最重要的两大戏种：悲剧和喜剧。悲剧出现得较早。“tragedy”（悲剧）的希腊文原意是“山羊之歌”，有人认为这是因为歌唱队的成员身披山羊皮，也有人认为这与古希腊将山羊作为戏剧比赛的奖品有关。此后，还出现了一种介于悲剧和戏剧之间的羊人剧，它以粗俗的形式嘲弄严肃的悲剧。

大约从公元前5世纪开始，雅典人在酒神节上演悲剧。据说，第一个上演悲剧的剧作家是泰斯庇斯。他首先在歌唱队之外加上一个演员，这个演员可以扮演任一角色，与歌唱队进行对话，从而使酒神颂演变为戏剧。悲剧的题材严肃正经，牵涉到命运的无常，因此场面气氛颇为压抑。一般在悲剧上演结束后，紧接着上演喜剧，用来舒缓观众的情绪。喜剧大多滑稽可笑，取笑市井小民的庸俗，也有相当一部分讽刺当时的政治人物和社会名人。在喜剧过后，有时还有哑剧演出，这种表演形式通常是粗俗色情的。

∨ 法国雕塑家埃德姆·布夏尔的名作《爱神丘比特用赫拉克勒斯的粗大棒做弓》，塑造出了一个机敏活泼的小爱神形象。在古希腊戏剧中，司掌爱情的爱神出现往往使故事的发展发生戏剧性的变化。

起初，戏剧的演出中只包括合唱队和一个演员。合唱队由一组男人组成，他们伴随着剧情唱歌、跳舞、道旁白，他们向演员提问，一问一答，帮助观众了解剧情。后来随着演员的增多，他们的重要性逐步降低。女歌队曾经普遍存在，随后逐渐被男歌队取代。

演员扮演剧中的各个角色，像演独角剧一样。有感于仅用一个演员不足以突出戏剧的表现力，悲剧之父埃斯库罗斯创造性地增加了一名角色，如此一来，角色之间可以进行互动。几十年后，另一位伟大的悲剧作家索福克勒斯又添加了一个演员，一共凑成三个。但在当时所有演员都是男性，旦角也由男性扮演，女性是绝对禁止走上舞台的。

表演开场了

在雅典，戏剧在广场上演，随着人们对戏剧的需求越来越强烈，专门的剧场也建立起来了，许多剧场能够容纳上万名观众。剧场一般是露天的，建在小山的斜坡上，看台围成半圆形，面对戏台。戏台除了有宽敞的演出舞台之外，还建有房屋，里面是演员换装的地方，墙壁作为背景布。当时在舞台上不直接出现谋杀或战争场面，只是在背景布上描绘出血淋淋的尸体和奔驰的战车等物表示场景的转换。戏台上方有一个滑轮杠杆，颇似今天的吊钢丝，可以表现神灵从天而降的场景。在戏台和看台之间，还有一块圆形空地，是合唱团站立的地方，设有酒神狄奥尼索斯的小型祭坛。

看台的座位是用石头制成的，最初曾有过木制看台，但是因为发生过坍塌造成伤亡的事故，便全改成石制的了。座位一般都没有靠背，少数几个有靠背的位置是留给大人物的。看台实行男女分开入座，古希腊人认为，正经人家的女人不应该看戏，所以前来观戏的大多是妓女。

戏剧表演一般一年有两三次，其中以3月份酒神节的戏剧演出最为热闹。在游行和祭祀仪式结束后，就是戏剧比赛。剧作家在此之前将自己的作品交给负责的执政官，由他们来决定上演哪一出戏。这类比赛活动有时由城邦举办，在很多情况下也由富人出资承办。假如富人

历史断面

赫西底德

赫西底德是古希腊的一位农民诗人，作品风格与荷马截然不同。他最著名的作品有《工作和时日》《神谱》。他把人类的历程分为金、银、铜、英雄、铁五个时代，黄金时代最美好，铁器时代最残酷无情。荷马的诗歌规模宏大，辞藻华丽，赫西底德的诗则清新自然，婉转轻快；荷马向往赞扬航海的生活，赫西底德却认为田间劳动才是最幸福的。

希望踏足政坛，那么借此来扩大影响力是最好不过的了。

人们购票入场观看戏剧，因为演出时间很长，观众需要自己携带食物和水。每年上演戏剧时，每个公民至少有一天看戏的机会，从伯里克利时代起，雅典政府还发放一定额度的观剧津贴。

古希腊大部分剧场的回音效果很好，然而剧场太大，坐在后排的人可能看不清演员，再加上有些观众在演出过程中会站起来走动，因此为了使声音能传达到各个角落，每个观众都能看到他们的身影，演员们采取了各种手法。他们戴上面具，上面绘有不同人物的形象和表情。有的面具正反两面都可以用，只要翻一下就可以改变角色的心理状态；面具上的嘴巴成漏斗形，这样就可以放大演员的声音。为了让自己的身体变得更高大、更显眼，演员还在衣服里填充东西，戴上高高的帽子，穿上厚底鞋。

演员如此卖力，可是观众有时还是不很满意，他们以起哄或往台上扔东西的形式表达对演出的不满。演出常常还没有进行到一半就被迫结束，接着演下一出戏。反正观众对大多数剧目的内容都是耳熟能详，不在乎打断欣赏。

震撼灵魂的悲剧

古希腊悲剧在世界戏剧史上占据十分重要的地位，其人物和故事情节取材于神话和历史传说，题材通常是严肃的。剧中的主人公往往具有坚强不屈的性格，却总是在与命运抗争的过程中遭遇失败，表达了人生的无常和人类面对命运之神的无奈。悲剧的结局大多是悲惨不幸的，但也有一些有圆满的结局。

悲剧的上演常常引起观众的同情和怜悯，对主人公的命运唏嘘不已，甚至黯然神伤。希腊北部城邦帖撒利的一位僭主亚历山大心狠手辣，活埋敌人眉毛都不抬一下，可是他在观看著名剧作家欧里庇得斯的悲剧《特洛伊妇女》时，却伤心得泪流满面，不能自禁。

由于取材限定于一定范围的原因，古希腊悲剧作家所创作的剧本多有重复。在一次酒神节戏剧比赛上，可能有若干个描写同一题材的剧本上演，但是观众们还是乐此不疲。因为每个剧作家的切入点不一样，舞台效果的设计也不一样，观众很乐意相互比较，品评优劣。

世间百态看喜剧

稍晚一些出现的喜剧取材于现实生活，格调通俗滑稽。比起悲剧而言，它更关注人们的日常生活，严肃凝重的气氛一扫而光，取而代之的是市井的轻松粗俗，偶尔还夹杂着俚语脏话。公元前5世纪雅典曾产生过三大喜剧家，分别是克拉提诺斯、欧波利斯和阿里斯托芬，可惜前两位剧作家的作品皆没有流传下来，目前只有阿里斯托芬有作品传世。

阿里斯托芬（约前445—前385），被誉为“喜剧之父”，是众多喜剧家中最为出类拔萃的一位。他一生共写作了44部作品，流传下来11部，比较著名的有《黄蜂》《云》《鸟》《骑士》《阿卡奈人》等。他的喜剧具有浓厚的政治色彩，常常用嬉笑怒骂的语言评论时

> 酒神的狂欢

该画为意大利画家提香所作，表现了酒神和山林诸神萨提尔、山林水泽女妖们饮酒狂欢的情景。

^ 表现古希腊戏剧表演场景的木刻作品

事，嘲笑讽刺同时代的思想家和政坛人物。

《阿卡奈人》是一部关于战争的喜剧。雅典和斯巴达准备开战，农民狄卡俄波利斯对战争十分反感，可是以他一人之力根本无法改变城邦的决定，他又不想卷入战乱，于是花钱雇人替他一家人同斯巴达人议和。雅典附近受战祸最深的阿卡奈人（合唱队扮演）追打狄卡俄波利斯，指责他叛国。他争辩道，他既不是反对雅典，也不是支持斯巴达，他两边都不赞同，他只希望拥有和平。

有一些阿卡奈人不服，请主战派将领拉马科斯出马。狄卡俄波利斯当场和拉马科斯扭打起来，并把他打败了。狄卡俄波利斯还劝说阿卡奈人和斯巴达人通商，说和平比打仗好。拉马科斯一心想着战争，他外出打仗，结果带着伤痛回来，在观众面前痛苦地呻吟着。而此时狄卡俄波利斯却因为和斯巴达人和平通商获取了大笔钱财，饱食大醉，在戏台上得意扬扬地走着，衬托出了好战者的悲惨处境。这出戏反映出了雅典人（作者本人也是如此）的厌战情绪和早日缔结和平的愿望。

欢快轻松的新喜剧

马其顿占领古希腊，进入希腊化时期之后，喜剧有了新的发展。这时的喜剧被称为“新喜剧”，它几乎不再关心政治，而是将矛头对准现实生活中各个阶层的人物。这一时期的喜剧语言诙谐生动，演员也不再限于三人，演员在台上斗嘴、打情骂俏，气氛轻松，充满了世俗的欢娱。

米南达（约前342—前292）是这个时期最重要的喜剧作家。他创作过近百个剧本，但是除了《恨世者》，其他的都没有完整保存下来。

《恨世者》是一个爱情喜剧故事。一个富有的年轻人索斯特拉图斯爱上了一位漂亮的姑娘，可是姑娘的父亲克涅蒙却对他没有好感。克涅蒙是一个脾气暴躁、性格孤僻的老人。他独自经营着家业，少与人来往，后来竟然把自己的妻子也赶出了家门，让她与前夫所生的儿子高吉阿斯同住。高吉阿斯和索斯特拉图斯是朋友，他想帮助这位陷入爱河的年轻人，但是不仅毫无效果，反而使克涅蒙更加厌恶索斯特拉图斯。有一天，克涅蒙不慎掉进井里，高吉阿斯把他救了上来。克涅蒙的性格由此发生了变化，自愿把财产分给高吉阿斯一半，并让他掌管家中的事务。高吉阿斯同意了索斯特拉图斯和自己妹妹的婚事，索斯特拉图斯也请求父亲把他的妹妹嫁给高吉阿斯。最后，戏剧在一场欢乐的聚会中落幕，两对青年男女都得到了幸福，而老头克涅蒙也迎回老伴，过上和和美美的日子。

关键词：悲剧

古希腊三大悲剧家

■ 公元前 525 年 ~ 公元前 405 年

古希腊悲剧具有划时代的意义，历史感和现实感完美地交融，构成了其独一无二的迷人魅力。在古希腊，有三大著名悲剧家，分别是埃斯库罗斯、索福克勒斯和欧里庇得斯，他们共同把悲剧推上了辉煌的巅峰。

“悲剧之父”埃斯库罗斯

埃斯库罗斯（约前525—前456），是古希腊最伟大的悲剧作家之一，有“悲剧之父”之称。他曾经参加过反抗波斯入侵的马拉松会战和萨拉米海战，取得不俗的战绩。埃斯库罗斯一生写过70多部戏剧，曾经获奖10多次。这些作品中只有7部传世，包括《奥瑞斯提亚》三联剧、《被缚的普罗米修斯》《求援女》《七将攻忒拜》和《波斯人》。他的死亡据说是这样的：年老之后他掉光了头发，老鹰在高空中看到下面有反光，误以为他的秃头是块石头，于是把乌龟扔下来，把他砸死了。

埃斯库罗斯最著名的代表作是《奥瑞斯提亚》三联剧，分别是《阿伽门农》《吕泰涅斯特拉克》和《欧墨尼德斯》。起初，每一个悲剧都是一个完整独立的单元，后来出现了三联剧，类似系列片，情节可以是独立的也可以是连续的，但是三出戏中的人物相互联系。《奥瑞斯提亚》便是三联剧中难得的杰作。

《阿伽门农》讲述的是迈锡尼国王阿伽门农取得了对特洛伊战争的胜利后，兴高采烈地带着特洛伊公主卡桑德拉班师回国，但是没有想到死亡正在等着他。擅长预言的卡桑德拉再一次悲剧性地预知了死亡，但是没有人相信她。在阿伽门农外出期间，他的王后吕泰涅斯特拉克和他的堂弟埃库斯托斯私通。吕泰涅斯特拉克对阿伽门农出征前

∨ 崇尚真理、热爱思考的古希腊学者

^ 所有人在这个古希腊剧场的遗址上都会想到影响深远的古希腊悲剧。柱基上的雕像有一种震撼人心的表情，或是悲伤或是惊恐，抑或二者兼有。

用自己女儿献祭之事一直耿耿于怀，决定和情夫设下圈套，为女儿报仇。她假装欢喜迎接丈夫，趁阿伽门农不备，联合情夫杀死了他。

《吕泰涅斯特拉克》是三联剧中的第二部。阿伽门农被害时，他的儿子奥瑞斯提亚还是个孩子，奶妈冒险将他救出以免遭毒手。他成年后回到迈锡尼，决定为父亲报仇。在姐姐厄勒克特拉和朋友皮拉底斯的帮助下，他首先杀死了埃库斯托斯，然后杀死了母亲吕泰涅斯特拉克。在此剧描写的古希腊母系氏族社会，夫妻双方来自不同的氏族，孩子归属于母族，所以吕泰涅斯特拉克杀死丈夫并没有触动伦理的禁忌，而奥瑞斯提亚弑母却犯下了大罪，遭到维护母权的复仇女神（厄里尼斯）的追逐。

第三部《欧墨尼德斯》讲述复仇女神四处追逐奥瑞斯提亚，使他不得安宁，几乎陷入了疯狂。奥瑞斯提亚祈求女神雅典娜出面干预，请求她了结自己的痛苦。雅典娜让雅典公民表决，结果赞成有罪的和同意无罪的票数刚好相同，雅典娜投下最后一票，判处奥瑞斯提亚无罪。复仇女神也宽容了他，并转化为降福女神（Eumenides，欧墨尼德斯）赐福于他。

“戏剧艺术的荷马”索福克勒斯

索福克勒斯（约前496—前405），出身于雅典富商家庭，被誉为“戏剧艺术的荷马”。公元前468年，他的作品在戏剧比赛中获得首奖，胜过了他的前辈埃斯库罗斯。后来他屡次获奖，共得过24次戏剧奖，是获奖次数最多的悲剧作家。他与当时的执政官伯里克利和历史学家希罗多德都是好朋友，还曾经担任过“十将军”之一，不过作为政治家，他似乎没有突出的政绩。索福克勒斯一共写了120多部剧作，保留下来的只有7部，包括《安提戈涅》《俄狄浦斯王》《菲罗克泰克》《特拉喀斯少女》等，其中最著名的是《俄狄浦斯王》。

《俄狄浦斯王》讲述的是弑父娶母的悲剧故事。底比斯王与王后生了一个儿子，正当他们沉浸在喜悦之中的时候，却有预言说这个孩子长大后会弑父娶母。国王在恐惧之下把孩子的双脚用荆棘刺穿，让牧羊人把孩子杀死。牧羊人于心不忍，于是把他丢弃在山坡上。后来科林斯的一个牧羊人发现了他，把他送给了科林斯国王。科林斯国王没有子嗣，便把这个孩子当成自己的儿子抚养，取名为“俄狄浦斯”（脚肿的人）。

˅ 索福克勒斯雕像

俄狄浦斯在科林斯国王的爱护下一天天长大了。有一天，他无意间听到了有关弑父娶母的预言，但他并不知道自己是科林斯国王的养子。为了避免预言成真，他远走国外，四处漂泊。有一天，当他走到一个狭窄的峡谷时，碰到一个陌生的老人，两个人争着先过峡谷。这个老人傲慢无礼，在争执中，俄狄浦斯误杀了老人。他不知道这正是他的生父。

俄狄浦斯接着往底比斯的方向走去。底比斯城外有一个山谷，不知道什么时候出现了一个人面狮身的女妖斯芬克司。她蹲踞在悬崖上把守关卡，向过往行人反复提出同一个古怪的谜语。如果行人猜不中谜底，便会被女妖吃掉。这条路是往来的必经之路，因此已经有很多旅人失去了性命，闹得人心惶惶。底比斯新国王的儿子也被女妖所吃，悲痛的国王于是宣布：哪个人能除掉这个女妖，就把王位让给他。同时，这个人还能迎娶前王孀居的王后为妻。

俄狄浦斯在经过时也遇上了斯芬克司。斯芬克司问道："有一种动物，早上用四条腿走路，中午用两条腿走路，到了黄昏用三条腿走路。当他的腿最多时，速度和力量却最小。这是什么动物？"

俄狄浦斯沉思片刻，微笑着回答："这是人类。人类刚刚出生的时候，用两脚两手爬行，此时最为软弱；成年后，精力旺盛，就用两条脚走路；到了垂暮之年，体力不支，拄着拐杖行走，这不是三条腿吗？"斯芬克司听到了正确的答案后，羞愧难当，从悬崖上跳下去摔死了。

俄狄浦斯为底比斯人除去了祸害，因而成为底比斯的国王，并娶了前任王后。起初他们的生活风平浪静，生下了两男两女。后来国内瘟疫流行，神谕说是因为有人犯下了弑父娶母的大罪。追查下去后，预言者说这位罪人就是俄狄浦斯。王后告诉他前任国王是在一个峡谷被匪人杀死的。俄狄浦斯隐约察觉到了自己杀死的老人有可能是他的生身父亲，但是依然不敢相信。此时，牧羊人讲明了他的身世，真相终于大白，原来即使俄狄浦斯四处逃避，最后还是未能逃脱命运的捉弄。王后羞愧难当自杀了，俄狄浦斯则刺瞎了自己的双眼，走上了流浪之路。

“戏剧中的哲学家”欧里庇得斯

欧里庇得斯（约前485—前406），一生从未参与过任何政治活动，而是醉心于哲学思考，所以有人说他是“戏剧中的哲学家”。他是一个不太合群的人，有人说他是个怪人，也有人说他是一个了不起的剧作家。无论如何，欧里庇得斯在文学上的成就是有目共睹的。他一生共创作了90余部悲剧，有18部传世，其中包括《美狄亚》《特洛伊妇女》《酒神的伴侣》等。由于欧里庇得斯的戏剧风格和传统的悲剧风格不同，因此他生前默默无闻，死后声名才显赫起来。他的悲剧不再关注对命运的哀叹，而是转向对人性的挖掘，关注人类的嫉妒、贪婪、骄傲、愤怒，等等。欧里庇得斯刻画的人物鲜明突出，对后来戏剧的影响很大，《美狄亚》正是其中的佼佼者，表现了作家对妇女问题的关注。

《美狄亚》这个悲剧取材于古希腊的英雄传说。伊俄尔科斯王子伊阿宋的叔叔篡夺了他父亲的王位。伊阿宋长大后为了夺回王位，去找他的叔叔谈判。叔父狡猾地提出条件，说他如果能取回金羊毛，便把王位归还给他。于是伊阿宋决定去寻找金羊毛。金羊毛是战神阿瑞斯的祭品，目前安放在科尔喀斯国，由一条毒龙看守着。

伊阿宋找到了金羊毛的所在地，却无法接近毒龙。科尔喀斯的公主美狄亚爱上了伊阿宋，为了爱情，她背叛了父亲埃厄忒斯国王，用计使毒龙陷入了昏睡，帮助伊阿宋成功取得了金羊毛。他们带着美狄亚的弟弟逃走，当追兵前来追赶时，美狄亚狠心杀死了弟弟并肢解了他，沿途抛弃弟弟的尸骨，阻止了追兵。

美狄亚远离家乡，跟着伊阿宋来到伊俄尔科斯开始了新的生活，还生了两个孩子。伊阿宋取回了金羊毛，他的叔叔却反悔了，不愿把王位还给他。美狄亚借刀杀人杀死了他的叔叔，但是一家子也被驱逐出国四处流浪。后来他们到达了科林斯，受到国王的热情款待。但这时的伊阿宋已经不再爱自己的妻子，他看上了科林斯公主的美貌和权势，打算抛弃美狄亚与公主结婚。痛苦的美狄亚百般哀求，却无法改变伊阿宋的铁石心肠。伊阿宋变本加厉，反而责怪美狄亚不够宽容。为了讨好公主，他还让科林斯国王把美狄亚驱逐出境。

熊熊怒火在美狄亚的心里燃烧，她没想到自己背叛了家族，换来的却是这种结局。因爱生恨的她擦干眼泪，决定报复这个负心汉，让他失去新娘，永绝后嗣。美狄亚假意妥协，在伊阿宋结婚那一天，她让两个孩子捧着一顶王冠和一件精美的金缕衣作为礼物送给科林斯公主。公主一见就喜欢上了，立刻高高兴兴地穿上了衣服。此时衣服里面浸泡的毒药发作了，活活将公主毒死了。科林斯国王闻讯赶来，想要去救女儿，但他一接触到金缕衣也触毒而死。

听到这个消息后，美狄亚忍住哀痛，亲手掐死了两个可爱的孩子。当伊阿宋赶来时，正好看到美狄亚带着孩子的尸体乘上龙车绝尘而去，他捶胸顿足，后悔莫及。

上述三位悲剧作家是古希腊剧作家的杰出代表，他们分别代表了古希腊悲剧发展史不同阶段的伟大成就。从他们流传至今的作品中，今人依然能一窥古希腊悲剧的精彩绝伦和当时演出的盛况。

历史断面

斯芬克斯狮身人面像

斯芬克斯是希腊神话中以隐谜害人的怪物。埃及最大的胡夫金字塔前的狮身人面像，就是以斯芬克斯为原型建造的。古埃及人认为狮子是力量的化身，因此，法老把狮身人面像放在他们的墓穴外面，作为守护神。狮身人面像雄伟壮观，身长约73米，高约21米。它表情肃穆，凝视远方。当年土耳其人攻打埃及时，曾以斯芬克斯的鼻子和胡须做靶子打炮，被打掉的鼻子和胡须，现存于伦敦的大英博物馆。

< 索福克勒斯的著名戏剧《俄狄浦斯王》演绎的是一段古希腊神话，人与命运的抗争在这里被抹上一层重重的悲剧色彩。法国画家莫罗的名画《俄狄浦斯与斯芬克斯》描述的是剧中俄狄浦斯猜谜的场景。画面的背景是悬崖和古代灯塔柱的遗迹，散发着浓郁的远古气息。

关键词：西方历史 / 希波战争

希罗多德与《历史》

■ 公元前 484 年 ~ 公元前 425 年

“这里埋葬着吕克塞斯的儿子希罗多德，他用优美的语言撰写历史，因此流芳百世。他生长于多利亚人的国度，为了躲避流言蜚语，他来到了图里伊，并把图里伊当作他的第二故乡。在这里，他安然地度过了最后的时光。”

四方游历

意大利南部有一座古城，名为图里伊。在这座美丽的小城里，沉睡着一位伟大的历史学家——希罗多德。在他的墓碑上，刻着如上墓志铭，优美简短的文字描述了他的一生。

希罗多德（前484—前425）出生于小亚细亚的哈里卡那索斯城一个当地的名门望族。少年时代的希罗多德喜欢读书，对当时广为流传的《荷马史诗》尤为喜爱。当时哈里卡那索斯由僭主统治。公民们对僭主的残暴专制极为不满，纷纷起来反抗。希罗多德也曾跟随叔父参与推翻僭主的斗争。然而，斗争

< 垂死的波斯士兵雕像

遭到镇压，希罗多德也被放逐出境。后来，僭主被推翻，希罗多德曾一度返回故乡，但是不久因与当权者不合，年近30岁的他又被迫出走，从此再也没有回过家乡。

再度出走后的希罗多德在萨摩斯岛居住一段时间后，开始周游世界。此后的10年，他的足迹遍及黑海沿岸、埃及、叙利亚、两河流域、波斯和色雷斯等地。每到一地，他都寻访古迹，考察当地的民俗风情，搜罗天下轶闻。10年的游历，对他后来写作《历史》帮助很大。

公元前447年，希罗多德来到了雅典。当时的雅典已迈入了黄金时期，成为古希腊的商业和文化中心。希罗多德由衷地赞叹雅典的繁盛与辉煌，认为这正是他一心向往的民主之邦。

立志写《历史》

在雅典居留期间，希罗多德与执政官伯里克利、剧作家索福克勒斯等名人结下了深厚的情谊，并积极参加各种集会和政治、文化活动。在这一过程中，他逐渐对希波战争的始末产生了浓厚兴趣。他很想知道以雅典为首的希腊城邦是如何打败在当时人看来不可战胜的强国波斯的。此时，马拉松会战、温泉关战役等著名战役已经过去几十年了，希罗多德不停地向参加过战争或者听说过的人打听战争的各方面情况，他决心撰写一部完整叙述希波战争的历史著作以流传后世。为了收集更为翔实的资料，希罗多德还游历了希腊许多城邦，实地考察了一些重要战场遗址。

公元前444年左右，雅典人在意大利南部建立了图里伊城邦。希罗多德随着雅典移民迁移到那里，并取得了该城邦的公民权。此后，他把大量的精力和时间花在《历史》的写作上。然而他还没来得及写完，便于公元前425年溘然长逝。希罗多德虽然离开了人世，但是留下了不朽的史学名著《历史》。

鸿篇巨制

《历史》，又名《希腊波斯战争史》，最初发表于公元前430年前后。该书本不分卷，后来亚力山大城的学者将其分成9卷，分别以9位缪斯女神的名字作为标题。全书分为两部分，从第1卷到第5卷的第27节为前半部，记述了作者的旅行和旅途中的见闻，并以此为背景逐步揭示战争的起因；从第5卷的第28节起到第9卷为后半部，叙述了希波战争的经过。

在前半部中，希罗多德收录了大量他在旅途中听闻的奇闻轶事，所记载的有关埃及等东方古国的见闻中还夹杂了许多不足为据的神话传说和无稽之谈。但他在后半部描写希波战争的过程时，却表现出了严格的写实精神，详细考证了各种事件的起因和经过。两部分的体例和写作风格差异如此悬殊，说明《历史》不是一时一地之作。目前大多数学者认为，希罗多德的写作活动延续了数十年之久，在最初的游历过程中，他撰写了埃及等东方古国的见闻；到雅典后，受雅典文化气氛的感染，才决定将希波战争的经过记载下来；写完战争史后，他又把自己以前的旧作加以整理，与战争史加以汇编，再加上导言，最终构成了这部不朽的传世之作。

《历史》内容丰富，描述了西亚、北非以及希腊等地区的地理环境、民族分布、经济生活、政治制

度、风土人情、宗教信仰、名胜古迹等。它的文学价值也很高，词汇丰富，文笔华美，可读性很强，被誉为“西方第一部著名的散文作品”。希罗多德善于刻画人物，他笔下的国王、大臣、政治家、学者等，大多性格鲜明，形象生动；书中恢宏的战争场面也描述得相当出色。更为重要的是，希罗多德首创了西方历史著作的叙事体体裁，为后来的历史写作提供了重要典范。《历史》不仅是西方历史上第一部比较完备的历史著作，也是世界文学史上的瑰宝，希罗多德也因此被尊为“历史之父”。

阿波罗与缪斯女神

VISIBLE HISTORY OF THE WORLD

关键词：哲学家 / 雅典

“精神的助产士”苏格拉底

■ 公元前 469 年 ~ 公元前 399 年

他是助产婆和雕刻匠的儿子，自幼学得一手雕刻技艺。但他没有选择子从父业，而是成了一位影响深远的哲学家；他的妻子凶悍蛮横，婚姻生活不算平静，但是夫妻二人却深爱着对方；他一生为了将知识播散给雅典人民而殚精竭虑，最终却被判处了死刑。他虽已死，但其思辨的光辉却闪耀千年。他便是希腊伟大的哲学家，苏格拉底。

精神助产士

苏格拉底（前469—前399）出生于两千多年前的雅典，母亲是一位助产婆，父亲是一个雕刻匠，家庭虽说不上富裕，但也不愁吃穿。这样的出身给了苏格拉底较大的人身自由，既不用为生计而随父母奔波，选择职业也不会受父母过多的干涉。

年少时，苏格拉底和父亲学过一段时间的雕刻术，但是他志不在此。当时的苏格拉底对《荷马史诗》以及其他著作产生了浓厚的兴趣，于是他刻苦钻研，凭借自己的努力成为一个很有学问的人。但有趣的是，苏格拉底并不认为自己有多么博学。相反，他认为自己是一个很无知的人，这才有了其“精神助产士”的自称。他认为，助产士一般都是年老的婆婆，自身没有生育能力，却能通过自己的技术让其他妇女诞下生命；而他就像是一个精神的助产士，虽然自己很无知，但是可以凭借自己的辩论让其他人获得智慧。

苏格拉底与亚西比德

亚西比德是雅典的政治家、演说家，伯罗奔尼撒战争的指挥官。他是苏格拉底的学生，与苏格拉底关系密切。但据说亚西比德害怕和苏格拉底单独相处，因此和老师在一起的时候，常常由他的情人阿斯帕西娅陪同。

^ 苏格拉底雕像

而苏格拉底“精神助产”的方式，就是著名的“苏格拉底反诘法”。这种反诘一般分三步：第一步，引导对话者的方向，引出其自相矛盾的地方，从而证明其无知；第二步，不断地反诘与归纳，暗示出正确的定义是什么；第三步，真正意义上的助产，引导对话者自己思索出正确的答案。

有一次，苏格拉底遇到了一个一脸悲伤的年轻人，于是他好奇地问：“年轻人，你为什么如此悲伤？”

年轻人回答道：“我深爱的女朋友弃我而去了。”

苏格拉底说：“这很正常呀。年轻人，失恋了应该好好平息情绪才是，你为什么对失恋的投入比对恋爱的投入都要大呢？”

年轻人心有不甘地说：“甜美的葡萄眼看就要到手了，结果给弄丢了，如果换作是你的话，你也会很遗憾吧！”

苏格拉底笑笑说：“如果是我的话，我会想：丢了就丢了，不如继续往前走，好吃的葡萄到处都是，何必纠结于失去的那一点点呢。”

年轻人猛地摇了摇头：“不行！我一定要等她回心转意！我一定等她回来找我！我相信这一天会来的！”

苏格拉底说：“这一天可能永远不会到来。你有没有想过如果她永远都不回来的话，你要何去何从呢？”

年轻人无奈地说：“那你说我该怎么办？我真的很爱她啊！”

苏格拉底反诘道：“真的很爱她？说大话了

吧，她可觉得离开你是一种幸福呢！”

年轻人擦擦眼泪道：“是啊，她现在不爱我了，可我还深深地爱着她，苦苦地等她回来，这是多么不公平啊！”

苏格拉底反驳道：“确实不公平，我是说对你的女朋友不公平。爱她的确是你的权利；但是，爱不爱你是她的权利，你为什么要强求呢？你想在行使自己的权利的时候，剥夺别人行使其权利的自由，这当然不公平了！”

年轻人哑口无言。

可见，苏格拉底在与别人谈论的时候，总是注重其走向自相矛盾的角落，让其不攻自破，进而引导其得出正确的结论。这就是著名的“苏格拉底式的精神助产”。

家有悍妻

苏格拉底妻子的蛮横是出了名的。有一次，苏格拉底正在院子中和他的学生谈论学术问题，谁想他的妻子突然从屋子中冲了出来，对着苏格拉底破口大骂，而且越说越生气，最后竟从外面提进来一桶水，兜头泼在了苏格拉底身上。学生们以为苏格拉底会大发雷霆，没想到他缓缓站了起来，说道：“打这么大的雷，我就知道会下雨的。”说完从容地回房间换了一套衣服，然后继续和学生们讨论问题。

虽然性格比较蛮横，但是妻子对苏格拉底不离不弃，而且两人都深爱着对方。当时，苏格拉底为了给人们带去智慧，每天都走街串巷，成天和小贩、酒鬼甚至妓女混在一起，和他们谈论各种哲学问题。这显然是很难带来经济收入的，所以苏格拉底的妻子为了生计，不得不每天起早贪黑，到集市上去卖橄榄。

有一次卖橄榄换来的钱也用完了，苏格拉底的妻子抽泣着说：“面粉也吃完了，油也用光了，吃的东西简直不像食物，连奴隶都受不了这样的日子。”她的父亲也骂她：“他（苏格拉底）能给你带来什么？不会做事，只会耍耍嘴皮子，连双鞋子都买不起，你跟着他就是为了挨饿吗？”即便如此，漂亮聪明的妻子还是坚定地跟着苏格拉底，尽自己所能地支持他。

而苏格拉底也非常爱自己的妻子，有一次一个学生问他：“您的妻子这么刁蛮，您为什么还愿意和她生活在一起呢？”苏格拉底说：“在我眼中，妻子就像一匹活泼执拗的小马，她不仅给我的生活带来了很多乐趣，而且给我带来很多智慧。如果能驾驭好一匹烈马的话，还有什么马不能驾驭呢？”

在苏格拉底被处死之前，他的妻子到监狱中去看望他。狱卒拒绝开门，但是她高喊：“苏格拉底是我的！”如此坚定的立场让狱卒不得不做出让步。走进苏格拉底所在的牢房的时候，她腰板挺直，黑色的头发挽成了一个体面的发髻，悲伤的脸上依然带着坚定的神情。

她自豪地说：“你是一个有智慧的伟大之人，我很幸运地与你度过了大半生。你在天国安安心心地生活吧，我很快就会去找你了。”

苏格拉底与妻子的感情便是如此。虽然少不了磕磕绊绊，却彼此深爱对方。“患难见真情”是他们生活的真实写照。

苏格拉底之死

苏格拉底生于雅典的强盛时期，然而他出生之后，雅典却一步步走向衰落。在公元前431年至公元前404年的伯罗奔尼撒战争中，雅典惨败给斯巴达城邦，国力一度衰落到极点。可以说，苏格拉底的一生见证了雅典的由盛转衰，他的死亡也是雅典悲剧的一个侧面。

梭伦改革之后，雅典的奴隶主民主制发展起来，使其政治、经济、文化都经历了前所未有的繁荣。但可惜的是，随着时间的流逝，这种民主的精神一步一步走向了自己的反面，这是伯罗奔尼撒战争失败的深层原因。

面对国家制度的腐朽，再加上战败的刺激，苏格拉底痛心疾首。他立志要把开化的文明带到雅典，传播给雅典各个阶层的人民，使整个城邦走向复兴。于是他整天游走在大街小巷，和人们谈论政府制度的弊端，质疑雅典人信奉的神，希望人们联合起来，改善雅典的民主状况。

然而事与愿违，苏格拉底激进的言论动摇了奴隶主的统治基础，不可避免地激怒了上层社会，受到他们的疯狂迫害。当时的统治者急需一种借口来解释战争的失败，借以挽回颜面，于是他们声称，伯罗奔尼撒战争之所以失败，是因为雅典娜要惩罚那些不敬神的人。要想使国家富强，必须铲除那些不敬神的人。这样，矛头对准了苏格拉底。而一些希望国家日渐富强的人，也不理解他这种“诽谤”政府、对神灵“大不敬”的做法，因而也站在了奴隶主一边，共同反对苏格拉底。

就这样，雅典的民主制度将“引进新神”和“腐化青年思想”的罪名加在苏格拉底身上，将他推上了法庭审判，希望将其处死。当时的陪审团由500名成员组成，第一次投票的时候，近56%的陪审团成员认为苏格拉底有罪，最后判处他死刑。

依据当时的法律，被告人可以提出另外一项处罚来替代死刑，如果陪审团半数通过，那么会按照被告人意愿来进行处罚。但当时苏格拉底没有选择其他刑罚，而是在《申辩篇》中据理力争，坚持这次审判是完全错误的。

这一举动彻底激怒了陪审团。在第二轮投票中，超过70%的人认

历史断面

人马座

在古希腊传说中，喀戎以和善及智慧著称。许多大英雄都出自他的门下，包括阿喀琉斯、赫拉克勒斯。后来，赫拉克勒斯的毒箭误伤了喀戎，喀戎为了解救普罗米修斯，同时也为免受毒箭带来的痛苦，决定将自己与普罗米修斯交换，让普罗米修斯脱离痛苦而自己放弃永生。后来，他被宙斯升上天空，成为射手座，也即人马座。

为他有罪，就这样苏格拉底被打入死牢，等候处决。

在监狱里的这段时间，他的学生对他进行了积极的营救。就在他们买通了狱卒，准备帮助苏格拉底越狱的时候，苏格拉底却拒绝了。他认为，雅典的法律就是人民的契约，不管对错与否，都要遵守。如果自己都越狱的话，雅典的法律将会更加没有威信，这对城邦发展极为不利。

^ 公元前 399 年，雅典法庭以“渎神罪”判处苏格拉底死刑。按照雅典法规，被判刑的人要在 24 小时内服毒自杀。此图描绘的正是苏格拉底喝下毒酒后与弟子们从容话别的情景。

于是，苏格拉底放弃了逃生的机会。公元前399年，苏格拉底饮下毒酒，告别人世。一代伟大的哲学家，最后用死亡的方式告诫国家，促进他所深爱的国家和人民尽快觉醒。

关键词：爱情观 / 理想国

柏拉图的理想

▪ 公元前 427 年～公元前 347 年

他师从苏格拉底，后又收亚里士多德为学生，可谓希腊三贤中承上启下的关键性人物；他对爱情有诸多独到的见解，却因为太过于高屋建瓴而不受时人的认可；他凭借自己的哲学思想构建出完美的理想国，却因过于理想化而难以实现。他就是继苏格拉底之后的古希腊又一位思想巨匠——柏拉图。

出身贵族

柏拉图（约前427—前347）原名阿里斯托勒斯，“柏拉图”只不过是他的一个绰号。相传，当时柏拉图肩宽背阔，体格强健，于是他的体育老师给他起了“柏拉图”这个绰号，有宽广之意，后来这个绰号就流传开来，以至于人们都忘记了他的原名。另外一种说法认为，柏拉图的额头很宽（这一点我们可以从他的雕像中看出来），所以有了这个有“宽阔”之意的绰号。

与苏格拉底出身平民阶层不同，柏拉图出生在一个富裕的贵族家庭。他的母亲是雅典改革者梭伦的后裔，所以他们家庭宣称自己是古雅典国王的后代。受这种家庭出身的影响，柏拉图起初想继承家庭传统，将来从政，而且凭借家庭的势力，想在雅典高层谋得一职是不难的。

但是，随之而来的伯罗奔尼撒战争改变了柏拉图的想法。在数十年的战争中，自以为制度和国力双重优越的雅典不仅惨败给了斯巴达，而且耗空了国家储备，民众的生活被逼向了绝望的边缘。

而在这种情况下，雅典的统治者不仅没有痛定思痛，反而寻找替罪的羔羊，柏拉图的老师苏格拉底就是在这个时候被国家处以死刑的。看到备受人民尊敬的老师被国家处死，柏拉图对整个国家的制度失望了。他放弃了从政的念头，而是继续钻研哲学，希望能凭借自己的思想给国家带来新的出路。

就这样，出身贵族的柏拉图选择了一条异常艰难，却备受世人尊敬的哲学探索之路。

^ 古希腊哲学家柏拉图将苏格拉底所寻求的德性的普遍定义和绝对本质独立化与个体化，从而创立了自己的唯心主义理论。他于公元前387年在雅典创办了他一生都引以为荣的雅典学园。

坚持甩手臂的学生

柏拉图的一生可谓硕果累累，他不仅将智慧散播给雅典人民，而且著书立说，完成了很多巨著，包括著名的《理想国》和《法律篇》。与其说他聪慧过人，不如将这些著作归功于他的坚持不懈。

他在师从苏格拉底读书时，有一天苏格拉底在课堂上给学生们出了一道“难题”：“你们先把手臂尽量往前甩；然后收回来，再尽量往后甩。每天做300下，你们能坚持吗？”

他的学生听完之后，不禁偷偷笑了起来：这么简单的事情，怎么会坚持不下来。于是大家纷纷接受了这个挑战。

一个月过去了，苏格拉底问他的学生：“每天300下，有多少人坚持下来了？”有90%的同学举手，兴奋地表示自己做到了。

两个月过去了，当苏格拉底再次问到这个问题时，只剩80%的学生举手了。

一年过去了，当苏格拉底严肃地问到这个问题时，大家都你看看我，我看看你，用沉默表示自己的失败。这时，课堂上只有一个人慢慢地举起了手，他就是柏拉图。

虽然说甩手臂和事业的成功没有必然的联系，

图为雅典学园的壁画，画中人物千姿百态、热闹非凡，呈现出了浓厚的学术氛围。其中心人物是边走边争论的柏拉图和亚里士多德。

但这种小事正体现了柏拉图坚持不懈的毅力和精神。有了这种精神，柏拉图的成功便有了合理的解释。

柏拉图的爱情观

柏拉图的爱情观受苏格拉底影响很深。

有一次，柏拉图问苏格拉底："老师，什么是爱情？"

苏格拉底把他领到一片麦田说："去麦田里摘一枝最大的麦穗给我，只许摘一次，不准回头。"

于是柏拉图走进了麦田，过了一会儿，他两手空空地从麦田的另外一端走回来。已经等候在那里的苏格拉底问他："为什么你没有摘到麦穗呢？"

柏拉图回答道："因为只有一次机会，所以不敢过早做决定，因为害怕前面还有更大的麦穗；同时因为不可以回头，所以即使前面越来越小，也不能回头去找那些错过的。"

苏格拉底笑笑说："这就是爱情。"

后来柏拉图又问苏格拉底："老师，什么是婚姻呢？"

苏格拉底把他领到一片树林说道："你进去砍一棵最大最茂盛的树回来，这棵树对我很重要，我要装饰房子。还是那个规矩：只能砍一次，不能回头。"

柏拉图一头走进了树林。过了一会儿，他拖着一棵不大不小的树出来了。苏格拉底问道："这应该不是最大的吧？"

"不是，"柏拉图说，"但是我发现越往前走，树越小，我怕到时候就剩小树苗了，所以就将就着砍了一棵送给您。"

苏格拉底说："其实，这就是婚姻。"

沿着老师的路继续探索，柏拉图总结出了一套自己的爱情观，后人称之为"柏拉图式爱情"，其基本内涵便是，要追求一种精神上的沟通和依靠，同时否定肉体上的欲望，也就是纯粹的“精神恋爱”。

第一，柏拉图认为，爱情要尽量理想化，尽量浪漫，甚至可以浪漫到无法实现的地步。在理想化的爱情之中只图付出，不求回报，这种心态似乎注定了一种悲剧式的结局。

第二，柏拉图式爱情。只求精神上的相濡以沫，不求肉体上的欲望放纵。柏拉图认为，男女肉体的结合是肮脏的，当人们醉心于这种兽欲的时候，会忽略对爱情真谛的探索。所以他提倡纯粹的精神世界的爱情。

第三，平等和自由。柏拉图是较早提出男女平等这一概念的思想家。他认为，人们在出生之前和死亡之后都生活在真实的观念世界中，每个人都是雌雄共体的，然后因为犯了错误被贬到人间，变成男人或者女人。所以人的前半生都在寻找自己出生之前的“另一半”。在这种意义上，男女是平等的，都是失去了另一半的人。

柏拉图的理想国

伯罗奔尼撒战争的失败，雅典的衰落，老师苏格拉底被处死，这一连串的事件迫使柏拉图找寻一条救国的道路。经过不懈的探索，柏拉图完成了自己的“理想国”设想，并在《理想国》（又译《国家篇》或《共和国》）中进行了系统的阐述。

在柏拉图的理想国中，城邦的大小要适中，不能太大，因为太大不容易管理；同时不能太小，太小的城邦很难建立威信。理想国的大小应该是，站在中心的高塔上，刚好可以将整个城邦尽收眼底。

理想国的公民被分为三个阶层：治国者、卫国者和劳动人民。因为柏拉图认为奴隶并不是人，所以没有将他们划分到任何阶层。治国者是受过严格哲学教育的统治阶层，他们用敏捷的头脑规划治国方案，解决涉及国计民生的重大问题。柏拉图认为只有哲学家才能担此重任。卫国者是管理国家的小部分精英，他们负责保护整个城邦的安全。他们的职位可以被自己的后代继承，但是地位并不牢固，劳动人民的孩子也可以通过自身的努力晋升到卫国者阶层。同时，卫国者如果不认真履行职责，也有可能被贬到劳动人民阶层。劳动人民是理想国的最低的阶层，他们辛苦劳动，为治国者和卫国者提供稳定的物资供应。三个阶层在理想国中要各司其职，只要分工明确，就能保证城邦的兴盛。

同时，柏拉图把理想国的整体利益放在第一位，各个阶层不能为自己谋取私利。譬如，为了保证整体利益最大化，治国者可以欺骗其他阶层；治国者和卫国者不能有自己的家庭和田地，因为这些都是私利的表现；劳动人民更不能拥有奢侈品，只能一心一意提高生产，为治国者和卫国者服务。

^ 古希腊陶罐

这幅彩陶画描绘了哲学大师柏拉图和他的学生亚里士多德对话的情景。

除此之外，理想国还特别重视教育，因为柏拉图认为，只有聪明的下一代才能带领国家走向更加光明的未来。他认为，所有的儿童都要接受语文、数学、音乐、美术等各方面的教育，只有那些出类拔萃的学生才能进入下一阶段的学习，也只有不断地学习才能成为一个哲学家。

不过，柏拉图的思想也有保守的一面。比如，理想国要严格禁止荷马等悲剧诗人的作品的进口，因为他认为这些人的作品会毒害儿童；他甚至认为，理想国建立之初，所有10岁以上的人都要被遣送到国外，因为他们已经被以往的文化毒害至深，没有前途。

关键词：哲学家 / 集大成者

大百科全书式的学者：亚里士多德

■ 公元前 384 年 ~ 公元前 322 年

他是著名的希腊三贤中的最后一位，其形式逻辑奠定了其在哲学领域的地位，但他的成就并不局限于哲学，而是涵盖了数学、物理、生物、地理等诸多方面；他是柏拉图最优秀的学生，后又成为亚历山大大帝的老师，但他似乎不善于处理师生关系，无论是和柏拉图还是和亚历山大都存在各种矛盾；他虽然成就颇多，但是很多结论在后世被推翻，这说明了再高的权威也有犯错的时候。他就是古希腊伟大的学者——亚里士多德。

医生之后

亚里士多德出生于公元前384年，死于公元前322年。他的父亲是一名著名的医师，是马其顿王室的御用医生，所以亚里士多德家族算得上是奴隶主阶级的中产阶层。

受父亲的影响，亚里士多德对自然科学非常感兴趣，再加上他与生俱来的刻苦钻研的精神，从小便积累了大量科学知识。年龄稍大一点之后，他的父亲开始教他一些解剖学和医疗术，由于亚里士多德勤奋好学，年轻的时候就可以帮助父亲做一些简单的手术了。

17岁那年，亚里士多德离开马其顿，前往雅典，成为柏拉图的学生。从那之后的整整20年间，亚里士多德一直住在柏拉图开办的学园中，专心研究学问，直到柏拉图去世。在这20年里，亚里士多德涉猎广泛，成绩非常突出，是柏拉图最得意的门生，被称为“学院之灵”。

柏拉图死后，亚里士多德离开了学园。4年后，他开始担任马其顿王国年幼的王子亚历山大的老师。在这段时间里，亚里士多德对亚历山大进行了系统的文学和口才训练，并且通过一系列的活动激发出他对各种自然学科的兴趣。当时亚里士多德经常带着亚历山大在花园里散步，讨论各种问题。

从公元前343年开始，亚里士多德受马其顿国王腓力二世的聘请，担任了13岁的王子亚历山大的老师。

看到自己的儿子如此好学，亚历山大的父亲腓力高兴地说："小家伙（指亚历山大）就像一匹桀骜不驯的千里马，老师（亚里士多德）的几句话就把他驯得服服帖帖，这才能成大事！我的儿子，马其顿对你来说太小了，去征服一个容得下你的王国吧！"

在整个教学过程中，亚里士多德运用自己的影响力，对亚历山大思想的形成起到了很大的作用；也正是由于他的影响，亚历山大即位之后，对于科学事业非常关注，在马其顿开创了尊师重教的社会风气。

公元前335年，亚历山大大帝的父亲去世，亚里士多德离开了马其顿，回到了雅典。在那里，他创办了自己的学园，努力钻研学问，完成了很多著作。与此同时，他保留了自己的授课习惯，一边漫步在花园里，一边和学生讨论各种问题，他们也因此被称为"逍遥学派"或者"漫步学派"。

亚历山大死后，雅典人开始奋力反抗马其顿的统治。因为亚里士多德是亚历山大的老师，因此同样被列为雅典人反对的对象，所以亚里士多德不得不逃往加而西斯，躲避雅典人的迫害。

对于自己的逃亡，亚里士多德声称："我不想让雅典第二次犯下毁灭哲学的罪孽。"显然他不希望自己和师祖苏格拉底一样，被民众的愚昧害死。不过，逃亡一年之后，亚里士多德还是被多年积累的各种疾病拖垮了，最终去世。

百科全书式的哲学家

亚里士多德天生喜欢接触新鲜事物。受这种天性的影响，亚里士多德不仅在哲学方面独树一帜，而且几乎研究了当时的所有学科。这些学科包括自然科学中的解剖学、动物学、地理学、地质学、气象学、天文学等；在哲学方面又涵盖了政府、美学、伦理、形而上学等诸多学科。

更难能可贵的是，亚里士多德对这些学科并不是浅尝辄止，而是在广泛涉猎的基础上，对其进行深入研究。他对于这些学科都做出了杰出的贡献。他一生的著作涵盖了当时希腊的所有学科，称得上是古希腊的百科全书。

在自然科学方面，物理学是亚里士多德对后世影响最深的学科之一。这倒不是他的论点有多正确，而是他的一些错误论断促使后人的研究更加精细和系统，反衬出后人挑战权威的勇气。

在研究力学的时候，亚里士多德提出了一个著名的论断："两个铁球同时从同一高度落下，重的肯定比轻的先落下。一个十磅重、一个一磅重的铁球，必是十磅重的先着地，速度是一磅重的十倍。"

这一论断在此后近两千年间无人质疑，直到伽利略的出现。当时伽利略还是一个大学学生，凭着一股初生牛犊不怕虎的精神，大胆地对这一论断提出了质疑。在经过缜密的理论推断之后，伽利略决定在比萨斜塔上完成这一项大胆的实验，推翻了亚里士多德的观点。

实验那天，伽利略拿着两个重量相差十倍的铁球，信步登上比萨斜塔。塔下已经聚集了一大群学生和市民，他们几乎都是来等着嘲笑伽利略的。可是，当两个铁球同时落地的时候，所有的人都傻眼了。

这个被推翻的结论并不能撼动亚里士多德作为一代全才的地位，在古希腊的研究条件下取得这种成就也实属不易。何况，亚里士多德还有很多研究成果一直沿用至今。

亚里士多德首先是个伟大的哲学家。他关于哲学的理论被后人编辑在《形而上学》一书中。与老师柏拉图主张的唯心主义不同，亚里士多德认为实物本身包含着本质，本质不能脱离实物存在，真实知识可以在经验感觉中获得。

亚里士多德创立了逻辑科学，提出了逻辑推理"三段论"，并认为逻辑学是一切科学的基础工具。他创造了许多哲学和科学术语，例如格言、范畴、动机、形式、逻辑、原理等。直到今天，我们谈论哲学、科学问题时，仍然在使用他创造的专门术语。

在天文学方面，亚里士多德认为大地是球形的，是宇宙的中心。宇宙由环绕着地球的七个同心球壳组成，月亮、太阳、行星和恒星分别处在不同的球壳上。在教育学上，亚里士多德首先提出教育要与人的自然发展相适应，即要根据儿童的年龄特征来进行教育。他把年轻人的教育划分为三个时期，认为在不同的阶段应采用不同的教育方式，体育、美育、德育三者缺一不可。

∨亚里士多德

亚里士多德的学术贡献不一而足，难以一一叙述。他的思想对西方文化产生了深刻的影响，其著作被译成拉丁文、叙利亚文、阿拉伯文、意大利文、希伯来文、德语和英语，在西方世界广泛传播。其学说支配了西方思想界1000多年，甚至成为中世纪基督教思想的基石。

追求真理的学生

亚里士多德是柏拉图学园中最优秀的学生，但是和一般“好学生”的形象不同，他并不是一个俯首帖耳、逆来顺受的乖学生。恰恰相反，他虽然崇敬柏拉图，却经常因为一些问题和老师争得面红耳赤，毫不相让。两人的矛盾有时甚至上升到人身攻击的地步。

亚里士多德曾说：“我尊重我的老师，但是我更尊重真理。真理不会因为柏拉图的死亡而消失。”而柏拉图也曾

^ 亚里士多德对哲学、政治学、经济学、伦理学、物理学、生物学、化学、逻辑学、心理学、法学、历史学、美学等学科都有精辟高深的见解。

^ 这幅《雅典学园》，是以古希腊哲学家柏拉图所建的雅典学园为题，以古代七种自由艺术——语法、修辞、逻辑、数学、几何、音乐、天文为基础，以表彰人类对智慧和真理的追求。艺术家企图以回忆历史上“黄金时代”的形式，寄托他对美好未来的向往。

说，亚里士多德就像一匹小马驹，吃够了奶就开始向母亲尥蹶子。

师徒二人在很多根本观点上存在分歧，比如在伦理教育方面，柏拉图主张“柏拉图式爱情”，即绝对的精神恋爱，反对男女肉体上的欢愉；而亚里士多德则坚决反对这一观点，他反对任何禁欲的学说，强调人们对现世物质和幸福的追求，这一观点对于后来的文艺复兴有着很大的影响。

可以说，柏拉图的伦理观点是建立在绝对的奴隶制基础上的，他的学说将人们的行为方式和奴隶制度的要求结合在一起，是为奴隶制度服务的；而亚里士多德的学说反映了中产阶级奴隶主的要求，在当时有很大的进步意义。

在哲学观点上，两人的分歧似乎更大。柏拉图曾提出著名的理念论，他认为整个世界不过是真实存在的影子，人们没有见过真实存在是什么样子的，于是就把这影子当成了真实的存在。为了使这一理论更加通俗易懂，柏拉图提出了著名的洞穴比喻：一群犯人从一出生就被困在一个山洞里，他们手脚被绑，也不能转身。他们都背对着洞口，面对着墙。在他们和洞口之间有一堆火，火堆和他们之间的所有物体的影子都被映在了墙上。因为囚犯从小所能看到的只是墙上的影子，于是他们把墙上的影子当成了真实的存在。生活在地球上的人就像这些囚犯，人们平时所看到的事物，不过是真实存在的影子罢了。显然，柏拉图的观点是唯心的，他认为世界是由一种观念支配的。

亚里士多德抛弃了柏拉图唯心主义的观点，认为世界本身是客观存在的，人的意识和观念都要受到客观存在的影响。比如一只鸡有羽毛有翅膀，会飞会跳，会下蛋。这些都是鸡客观的存在形式，有了这样的形式人们才会有这样的观念，而不是因为人们有这种观念鸡才会下蛋。

亚里士多德就是这样，崇拜自己的老师，但同时又敢于提出质疑。这才成就了他旁人难以企及的学术高度。

历史断面

苏格拉底的最后一天

公元前399年，70岁的苏格拉底被指控犯有“不敬国神”“另立新神”“蛊惑青年”的罪行而被送交审判。在法庭上，苏格拉底以一贯从容高贵的态度为自己辩护，再一次重申了自己的哲学观点，但最终还是被判有罪，并通过了死刑判决。

临刑的日子到来了，这是苏格拉底的最后一天。家人、朋友、弟子都来为他送行。苏格拉底说：“时间已经到来了，我该去洗澡。我觉得我在喝下毒酒之前，还是洗干净才好，省得劳烦妇女们替我洗尸。”洗澡过后，苏格拉底向家人交代了后事，继续会见他的朋友。不久，狱吏端着毒酒来了，苏格拉底接过毒酒，镇定地问：“能不能取一点献给神？”狱吏回答：“我们准备的分量刚刚好。”于是，苏格拉底沾了一点毒酒弹在地上，作为对神的献祭，然后举起杯子，一饮而尽。

关键词：壮观 / 理想 / 现实

建筑与雕刻之美

■ 公元前 7 世纪 ~ 公元前 1 世纪

古希腊的建筑和雕刻，充满了理性美，体现了均衡、对称、节奏等美的法则，对世界尤其是西方建筑雕刻史产生了深远而持久的影响。古罗马人将其视如珍宝，狂热地照搬或改进古希腊人的建筑雕刻风格，从而使其发扬光大。

因为风格的不同，古希腊建筑和雕刻史通常被分为古风时期（公元前7世纪～公元前6世纪）、古典时期（公元前5世纪～公元前4世纪）和希腊化时期（公元前4世纪末～公元前1世纪）。

壮观博大的建筑

古希腊建筑是西方古典建筑的基石，创造了多种建筑类型，如神庙、露天剧场、广场和柱廊等，其中神庙是古希腊建筑中

< 雅典卫城北面的伊瑞克提翁神庙，为古希腊建筑家菲狄亚斯等人所建，以其中的女像柱而闻名于世。

最重要的类型。围柱是古希腊神庙的典型象征，即建筑周围用柱廊环绕。石柱是柱廊的重要组成部分，起初是用整块石头雕刻而成，后来分段砌筑，石段之间用铁箍固定。到了公元前 6 世纪，建筑的柱基、柱子、檐部等构件的比例、格式和组合已经有了稳定的套式和做法，后来古罗马人称之为“柱式”。柱式是古希腊建筑的基本元素，充分体现了简洁、和谐之美。古希腊人创造的多立克、爱奥尼亚、科林斯三种石柱形式，为日后西方建筑所沿袭。在古典时期，古希腊两种基本的建筑柱式已经形成，即多立克柱式和爱奥尼亚柱式。

多立克柱式是希腊大陆上最为流行的建筑风格。它的设计简单、朴素，柱体厚重、粗壮，柱身由下向上逐渐缩小，中间略鼓出，柱身有凹槽，柱头没有装饰，上接方形柱冠。因为其挺拔、雄壮，所以又被称为男性柱。雅典卫城的帕特农神庙采用的便是多立克柱式。

爱奥尼亚柱式比起多立克柱式而言，显得典雅秀美。整体来看，它精巧、纤细，有柱基，柱身较细长、匀称，凹槽密而深，柱头带有涡卷形，向下卷成旋涡状，檐壁有浮雕饰带。因为爱奥尼亚柱柔美纤细，所以又被称为女性柱。爱奥尼亚柱广泛出现在古希腊的大量建筑中，古希腊人对它的华丽高贵青睐有加。雅典卫城的胜利女神神庙和伊瑞克提翁神庙即采用了爱奥尼亚柱式。

从古典时期后期开始，小亚细亚地区出现了一种科林斯柱式。科林斯柱式在爱奥尼亚柱式的基础上发展到更为华丽的装饰，柱头用忍冬叶做装饰，形似盛满花草的花篮，装饰性十分强。它在古希腊的应用并不广泛，后来却深得古罗马人的喜爱。

在古典时期，建筑取得了辉煌的成就，其中最突出的代表是雅典卫城建筑群。直到今天，雅典卫城依然被学者们誉为古希腊“建筑艺术的博物馆”。

到了希腊化时期，建筑的风格和模式发生了很大的变化。代表世俗的

雅典的胜利女神雕像

城市建设放在了首位，往日城市以神庙作为中心，如今贸易市场成为城市的中心。在市场周围有庙宇和各种公共建筑，城市规划严格遵照对称的原则。柱式多用华丽的爱奥尼亚柱式，而且此时的柱子已经失去了结构上的承重功能，仅作为装饰之用。

雕刻：理想主义与现实主义的完美结合

古希腊的雕刻材料通常选用大理石，因为大理石坚实细腻，材质上佳，适合表现细节。我们现在看到的雕像都是裸露的大理石，实际上最初他们身上涂有美丽的色彩，只不过在漫长的岁月中，上面的颜色已慢慢褪去。此外，雕像的一些细节部位也可以由青铜制作，眼睛多采用玻璃、珠宝或金属镶嵌而成。

古希腊的雕刻作品众多，可惜由于战争等原因，流传至今的很少。不过古罗马人曾经复制了几千件古希腊雕刻作品，使我们能够充分了解古希腊的雕刻艺术。

在古风时期，古希腊人物雕刻受到埃及雕像形式的影响，人物正面站立，左腿向前迈进一步，双臂放在身体的两侧。无论男女像，表情上都带有千篇一律的微笑。当时人物雕像主要有两种类型：男性裸体雕像，被称为“库罗斯”；穿衣服的女性雕像，被称为“科瑞”。后期产生了一些较为生动自然的男体雕像，其形象更贴近于生活，被统称为“阿波罗”。创作于公元前6世纪的《荷犊者》是古风时期的杰作，小牛的表情生动有趣，逗人喜欢；男子举着牛犊，双手雕刻得非常有力。

到了古典时期，古希腊雕刻已完全摆脱了古风时期的拘束和装饰性，产生了写实而理想的人体，达到了古希腊雕刻艺术的鼎盛时期。这个时期的人体雕像沉着、冷静而美丽，有关女性的雕刻多了起来。人物脸上的表情不再是单一的微笑，转而表达内心的情绪，包括欢喜、恐惧、愤怒，等等。人物的姿势从静态转向表现运动甚至激烈动作，从过去只表现人物的正面发展到表现人物的多个侧面。雕刻的技巧更加熟练，表现的人体比例也更匀称、结构更准确。

在希腊化时期，雕刻家刻画的人物形象比以往

∨ 帕特农神庙是古希腊多立克柱式建筑发展的精品。

更广泛，孩子、老人和异邦人也成为雕刻家关注的对象。从这一时期开始，人物的雕刻不再是神圣的安静，而是转向了对现实的探讨，表现了老年、贫穷、病痛甚至死亡的题材。

在这几百年里，古希腊出现了一批优秀的雕刻家，他们以精湛的技术和浓郁的艺术气息，创造了许多精彩出色的雕像和浮雕。其中比较具有代表性的三位雕刻家是米隆、菲狄亚斯和波利克利托斯。

米隆是公元前 5 世纪上半期古希腊著名的雕刻家。他善于运用写实手法刻画人物在剧烈运动中的动态，其作品造型准确，对人物内在的骨骼和肌肉运动把握精确。他的代表作是《掷铁饼者》，生动地刻画出运动员在掷出铁饼前的紧张姿态，表现了动态美。

在古典时期的鼎盛期，最伟大的雕刻家是菲狄亚斯，他的作品创造了典雅、静穆的形象，是古典雕刻的理想美的典范。菲狄亚斯的主要作品是雅典卫城帕特农神庙的雕像和浮雕。

波利克利托斯生活于公元前 5 世纪，是古希腊最著名的雕刻家之一，擅长表现青年运动员的形象，据说他还写了一本论述人体比例的著作，他的代表作有《持矛者》等。《持矛者》塑造了一个体格健壮、充满朝气的青年战士的形象。他手持长矛向前迈步，重心落于右腿，左腿微屈，持矛的左手与直立的右腿相互呼应，形成了动态中的稳定。《持矛者》不仅仅是一件卓越的雕刻作品，同时还是作者长期研究人体比例的验证。波利克利托斯认为，最理想的人体比例是：头占整个人体的 1/7，面部占 1/10。按照这样的比例塑造的人体，粗壮结实，体态均衡自然，符合当时希腊人体美的审美标准，以至于当时的雕刻家们把这座雕像称作“规则”。

除此之外，还有几个世界闻名的雕像不得不提，譬如《萨摩色雷斯的胜利女神》《米洛斯的阿佛洛狄忒》等。

《萨摩色雷斯的胜利女神》因其于1863年在爱琴海北部的萨摩色雷斯小岛上被发现而得名。雕像出土时已成碎块，经过精心修复，才重新站立起来，但头部和手臂已经缺失。女神展开翅膀迎风而立，衣服随风飘舞，尽管已经失去了头与双臂，但不论从哪个角度都能感受到胜利女神展翅欲飞的雄姿。雕像雕刻于约公元前190年，是小亚细亚的统治者德梅特里奥斯一世为纪念他在一次海战中大败托勒密王国的舰队而创作的。

《米洛斯的阿佛洛狄忒》，又称为《断臂维纳斯》（维纳斯是阿佛洛狄忒的罗马名），1820年发现于爱琴海中的米洛斯岛。学术界关于雕像的制造年代一直存在争议，现在大多数研究者认为它创作于公元前2世纪左右。雕像是用两块大理石合雕而成的。女神典雅的脸庞，秀丽的笑容，“S”字形的站势，即人体自上而下形成三个自然的转折（头、躯干和下肢），充满了曲线美。雕塑家还利用了大理石质地的特点，表现了女性肌体的细腻丰润。雕像的双臂尽管残缺，但反而激起了人们的美好想象，使其成为赞誉于世的杰作，被称为“古代的神品”。

> 古希腊神话里的美神阿佛洛狄忒据说是从爱琴海的泡沫里诞生的，寓意美是瞬间即逝的，阿佛洛狄忒也代表着高贵与神圣。这件断臂的阿佛洛狄忒雕像历来为人们所称道，而人们关注的焦点则正在于现在已经不存在的那双断臂上。

VISIBLE HISTORY OF THE WORLD

关键词：卫城 / 神庙

辉煌的雅典卫城

■ 公元前 800 年起

雅典卫城是西方建筑史上的一个奇迹。宏伟的帕特农神庙，达到了美和格调的统一，被称为世界七大奇迹之一；高耸的雅典娜神像遥望着海边，守护着雅典；而围绕卫城的城市因地制宜，在狭窄的丘陵地带开拓出了融和审美性与实用性为一体的建筑空间。

壮观的卫城

雅典的城名来自智慧女神雅典娜的名字。在古希腊神话中，人们在爱琴海边建立了一座新城，雅典娜和海神波塞冬都想获得新城的归属权，互不相让，于是争夺起来。后来，神王宙斯裁定，谁能给人类一件最有用的东西，该城就归属于谁。波塞冬用三叉戟敲了敲岩石，从里面跑出了一匹象征战争的战马。而雅典娜用长矛一击岩石，石头上立即生长出一株枝叶繁茂、果实累累的橄榄树。橄榄树象征着和平和丰收，人们欢呼起来，于是雅典娜成为新城的保护神。人们用她的名字将城命名为雅典，并将橄榄树栽满雅典各处。

雅典人最开始是住在卫城里，卫城意为“建立在高处的城堡”，因城

^ 帕特农神庙精美的浮雕

建立在小山上而得名。人们之所以选择山顶作为定居点是因为高岗易守难攻，而且有充足的山泉水。随着人口的增加，雅典人围绕着卫城扩建了城池，在雅典城的周围分布着农村。卫城是雅典的象征，是雅典人的精神所系，所以政变通常以卫城为首要争夺目标，而外敌入侵首先摧毁的也是卫城。后来在希波战争期间，波斯人就曾经摧毁了雅典卫城。

雅典卫城坐落在海拔150米、面积约为4平方千米的高地上，周围有坚实的城墙包围着，地形险峻，人们只能从西侧登上卫城。雅典卫城在建城伊始是王宫的所在地，城池扩建后，人们逐渐移居到山下的城市里，卫城便成了祭祀守护神的场所。在战争期间，人们也会登上卫城以躲避战乱。

雅典卫城有3000多年的历史，早在公元前1500年，当地人就在此建立了王宫。从公元前800年开始，人们兴建神庙等用以祭祀的建筑群，使之成为雅典宗教活动的中心。希波战争结束后，雅典人在当时的执政官伯里克利的领导下大规模重修卫城。经过一番重建修葺后，卫城上建有山门、帕特农神庙（又称雅典娜神庙）、雅典娜·尼克（胜利女神雅典娜）神庙、埃雷赫修神庙、伊瑞克提翁神庙等建筑，以及数座神像，建筑设计规整，规模宏大。

卫城建设的总设计师是著名雕刻家菲狄亚斯，参与设计的有建筑师伊克提那斯、加里克拉特斯等人，除了伊瑞克提翁神庙于公元前406年建成以外，其他建筑在公元前448年至公元前420年陆续竣工。

^ 伊瑞克提翁神庙的少女像柱姿态轻盈，形象端庄，完全没有负重的紧张感。

帕特农神庙

雅典卫城是一个整体的建构，山门普拉比列伊是卫城的入口，建在西面。

穿过山门，沿着由两排高柱护卫的中心大道，便来到了卫城广场，广场的右侧即是帕特农神庙。帕特农神庙是卫城的主体建筑，坐落在山上的制高点上，占地面积最大，装饰最为华丽，是雅典人祭祀雅典娜的主要场所。帕特农神庙建于公元前447年至公元前438年，出自建筑师伊克提那斯之手。整座神庙通体由白色大理石砌成，外部绘有红、蓝两色，目前色彩已经完全脱落。神庙呈长方形，长69.5米、宽30.88米、高20米，外部环绕着柱廊，柱廊由46根高14米、直径1.5米的大理石柱组成。巨柱向内微斜，中腰微鼓，这种独特的设计利用了视觉上的偏差，使柱子看起来笔直端正。

神庙中供奉着的雅典娜女神雕像，是雕刻家菲狄亚斯的杰作。雅典娜头戴雕有神话中的三个怪物的头盔，胸饰是女怪梅杜萨的头，右手托着胜利女神尼凯的神像，左手搭在刻满浮雕的盾上。像的本体用木头雕成，面部和裸露部分贴上象牙薄片，衣服和武器则用黄金制成，眼睛的瞳孔是用宝石镶嵌，基座刻有潘多拉出生的浮雕。据说神像的造价比神庙的花费还要昂贵，神像上的黄金重约2000千克，可以拆卸下来，是雅典的财政贮备。菲狄亚斯本人曾经因为使用黄金过多，遭到贪污的质疑，幸而他早有打算，将黄金贴片制作成可以自由拆卸的形式。经过称量后，黄金的重量与之前完全一致，如此一

< 菲狄亚斯的原作《帕特农神庙的雅典娜女神像》在拜占庭时代即已损毁，此为公元1世纪的罗马复制品，现藏于法国卢浮宫。雅典娜是奥林匹斯山十二主神之一，代表着智慧、理智和守护，从她父亲宙斯脑袋里一蹦出来就全身披挂，没有结婚也从无风流韵事，所以雕像刻画出了她如同未婚少女般的严峻和贞洁风度。

来他才洗脱了污名。后来，神像被罗马皇帝劫走，从此下落不明。

在神庙的三角楣、饰带和回廊上，饰有精美的浮雕。三角楣的东西两面分别描绘了雅典娜从宙斯头部诞生、雅典娜与波塞冬争夺雅典归属权的情景，此外还有著名的“命运三女神”像，她们的身体丰满圆润，薄裳披在身上，衣纹细腻逼真，虽然头部已经损毁，但是从残部仍然看得出雕刻家高超的技术。饰带上的浮雕刻画了泛雅典娜节人们向雅典娜献祭的节日游行活动，共描绘了350多个人物和250多种动物，场面之浩大，由此可见一斑。回廊一共有92块白色大理石饰板，描述希腊神话中的战争场面，表现了英雄紧张的搏斗场景、马匹的惊跃嘶叫以及人对抗野兽的英勇。此外还有神态各异的天神形象，纠结的肌肉、飘扬的战袍、各种姿态、或喜或怒的眼神，无不栩栩如生。

传说众神从奥林匹斯山上下来，游历到雅典时，便会在帕特农神庙稍做休息，所以神庙装饰得非常豪华。希腊被罗马侵占之后，神庙慢慢地衰落下去了，到了6世纪被改建为基督教堂，后来又改为清真寺，最后竟成了军火库。在17世纪土耳其人和威尼斯人的战争中，帕特农神庙被炮弹炸毁，19世纪初，庙中残留的雕塑被英国大使偷偷运回英国，成为伦敦大不列颠博物馆的镇馆之宝，现在只残存大理石柱耸立于山巅。

历史断面

女祭司卡珊德拉

卡珊德拉是特洛伊国王普里阿摩斯的女儿，赫克托尔和帕里斯的妹妹。她是太阳神的祭司，具有预言的本领。她曾预言特洛伊城的陷落，也预言希腊人留下的木马是个祸根，但都无人相信。特洛伊城陷落后，她被希腊人俘虏。于是，后人用“卡珊德拉”比喻无人相信的说真话者或者得不到反响的危机预言者。

关键词：数学／物理／天文／医学

古希腊的科技之光

▪ 古希腊时期

古希腊人是一个热爱思考的民族，他们在数学、物理学、天文学、生物学等领域均做出了突出贡献。他们智慧的结晶在世界科学史上占有重要地位，为现代科学打下了坚实的基础。

数学和物理学

∨ 正在为病人治疗的古希腊医生

欧几里得（约前330—前275），是古希腊最负盛名的数学家之一。他的著作《几何原本》将早期几何知识整理为一个完整的系统，对西方几何学和数学产生了深远的影响。他就学于雅典，后来接受埃及托勒密王的邀请，来到亚历山大城。欧几里得崇尚严谨务实的学风。有一次，托勒密王问他：“除了《几何原本》之外，还有没有其他学习几何的捷径？”欧几里得回答道：“在几何

^ 公元前212年，罗马军队攻入锡拉库萨。相传当时阿基米德正坐在家中研究一些几何图形。一名罗马士兵走近他，他便怒喝道：“别弄坏了我的图！”那名士兵恼羞成怒，就杀了这位伟大的科学家。

里，所有人的学习道路都是一样，没有专门为国王铺设的大道。”

阿基米德（约前287—前212），古希腊伟大的科学家。他在诸多科学领域的发现和创造，至今仍让现代人享用不尽。他发现了杠杆定律，并利用这一原理设计制造了可以提升物体的滑轮和抽水装置。他曾经自豪地说过：“给我一个支点，我将撬动整个地球。”他善于思考，在洗澡时发现了浮力定律。除此之外，阿基米德还确定了抛物线弓形、螺线、圆形的面积，以及椭球体、抛物面体等各种复杂几何体的表面积和体积的计算方法，并比较精确地计算出了圆周率……

天文学

阿里斯塔克斯（约前310—前230），古希腊出色的天文学家和数学家。他主张“太阳中心论”，认为太阳和恒星的位置是恒定不动的，地球和行星围绕着太阳旋转，地球又绕自己的轴每天自转一周。他还利用几何学测量原理，推算出了太阳和月球对地球的近似比值。虽然结果并不精确，但他开创性地测量了天体的质量比例，这一点是难能可贵的。

希帕库斯（约前190—前125），古希腊著名的天文学家、地理学家和数学家。他曾长期居住于罗得斯岛，并在岛上建天文台进行天文观测，取得了相当大的成就，被誉为“天文学之父”。他用视差法求出了月地距离，还将几百年以来太阳和月亮的运动轨迹绘成表格，据此推算月食和日食。大约在公元前130年，希腊上空有一颗新星爆发，希帕库斯观察到了这一天文现象。他还编制了西方历史上第一个记载恒星的星表。在很多方面，希帕库斯大大超越了前人的成就，但是他坚持“地球中心说”，认为地球是宇宙的中心。

医学

希波克拉底（约前460—前377），古希腊著名的医生。他开创了真正意义上的医学，被誉为“医学之父”。为了救治病人，他冒着生命危险勇敢地解剖尸体，获得了许多关于人体结构的知识。他在外科著作《头颅创伤》中，详细描绘了头颅损伤和裂缝等病例，提出了施行手术的方法。

希波克拉底探索了人的肌体特征和疾病的成因，提出了著名的“体液学说”。他认为复杂的人体是由血液、黏液、黄胆汁、黑胆汁这四种体液组成的。四种体液在人体内的比例不同，形成了人的不同气质：性情活跃、动作灵敏的多血质；性情沉静、动作迟缓的黏液质；性情急躁、动作迅猛的胆汁质；性情脆弱、动作迟钝的抑郁质。人所以会得病，是由于四种液体不平衡造成的，而液体失调又是外界因素影响的结果。

为了规范医生的医德，他制定了一套医生必须遵守的道德原则，这个医务道德原则被称为“希波克拉底誓词”，至今仍然是现在世界医协所制定的国际医务道德规则的基础。

除了以上提及的若干领域，古希腊人在地理学等领域也做出了开创性的工作，给后人留下了宝贵的遗产。而古希腊人执着追求真理、求实创新的科学精神也在世界科学史上闪烁着永恒的光芒。

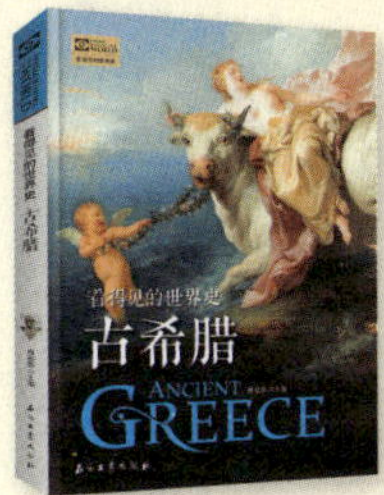

爱琴海的文明

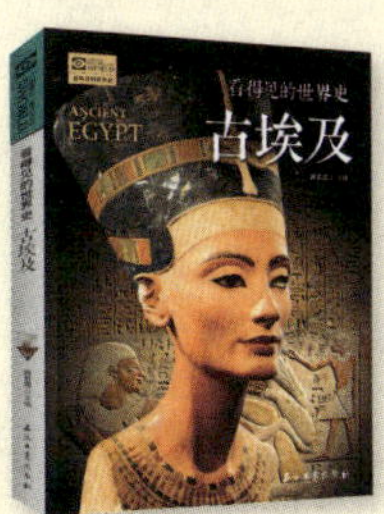

法老的世界

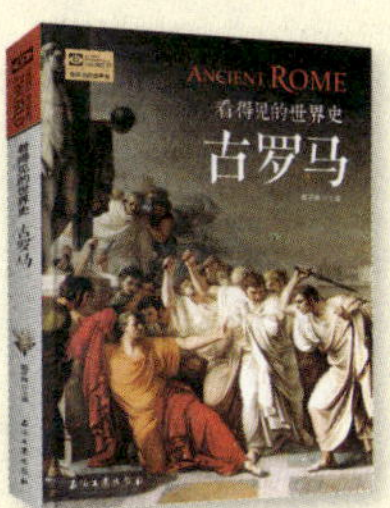

法治与征服

南亚次大陆的文明之光

人类教育的起点

丛林中的神秘文明

日不落帝国的崛起与衰落

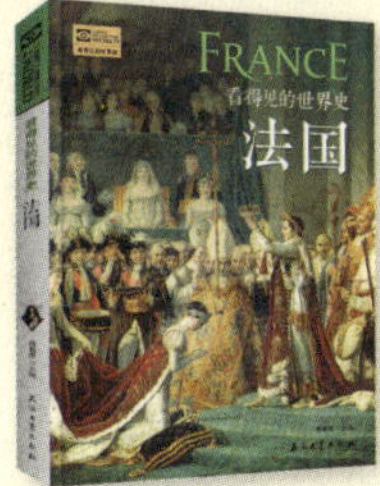

高卢雄鸡的鸣唱

血与火的统一

欧亚上空的双头鹰

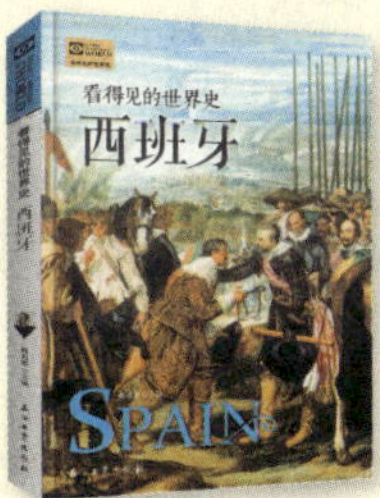

“全球帝国”的兴衰往事

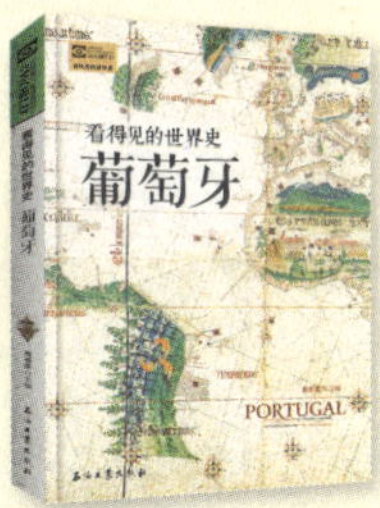

冒险家打造的海洋强国

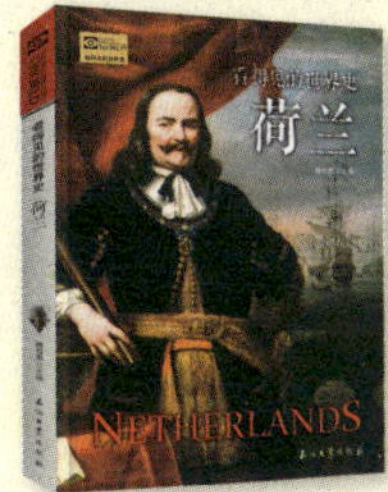

“海上马车夫”的盛衰

亚平宁半岛上的历史风云

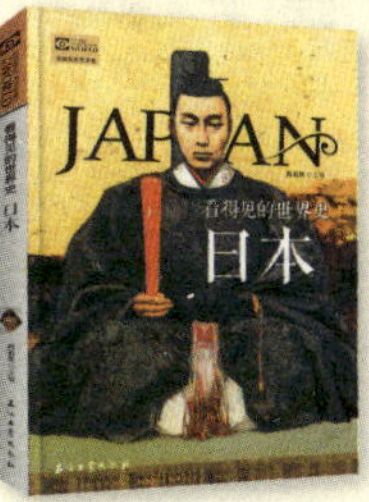

“菊与刀”的国度

看得见的世界史 古希腊

装帧设计：罗　雷　蒋碧君

文稿撰写：郭文钠

文图编辑：王松慧

美术编辑：刘晓东

图片提供：视觉中国

全景图片库

美国纽约大都会艺术博物馆

美国洛杉矶郡美术馆

美国波士顿艺术博物馆

英国不列颠博物馆

日本东京国立博物馆

法国罗浮宫博物馆

意大利佛罗伦萨乌菲齐美术馆

荷兰阿姆斯特丹国立博物馆